“十三五”国家重点图书出版规划项目

赵智奎 主编

我们的核心价值观

总论篇

赵智奎 著

黄山书社

图书在版编目(CIP)数据

我们的核心价值观·总论篇/赵智奎主编.赵智奎著.—合肥：黄山书社,2016.12

ISBN 978-7-5461-6004-7

Ⅰ.①我… Ⅱ.①赵… ②赵… Ⅲ.①社会主义建设-价值论-中国-通俗读物 Ⅳ.①D616-49

中国版本图书馆 CIP 数据核字(2017)第 000259 号

我们的核心价值观·总论篇

WOMEN DE HEXIN JIAZHIGUAN ZONGLUN PIAN

赵智奎 主编 赵智奎 著

出 品 人 王晓光
策　　划 马 磊 高 杨
责任编辑 侯 雷
责任印制 李 磊
装帧设计 观止堂_刘俊
出版发行 时代出版传媒股份有限公司(http://www.press-mart.com)
黄山书社(http://www.hspress.cn)
官方直营书店(http://hsssbook.taobao.com)
营销部电话:0551-63533768 63533788
(合肥市蜀山区翡翠路 1118 号出版传媒广场 7 层 邮编:230071)
经　　销 新华书店
印　　制 安徽国文彩印有限公司

开本 880×1230 1/32 印张 8 字数 180 千字
版次 2016 年 12 月第 1 版 2016 年 12 月第 1 次印刷
书号 ISBN 978-7-5461-6004-7 定价 26.00 元

总　序

赵智奎

党的十八大以来，以习近平同志为核心的党中央，站在新的历史起点上科学把握时代大趋势，在治国理政的实践中，团结带领全国各族人民，紧紧围绕实现"两个一百年"奋斗目标和中华民族伟大复兴的中国梦，提出了一系列新观点、新论断、新要求，开辟了治国理政新境界，开创了党和国家事业发展新局面，形成一系列治国理政的新理念新思想新战略，丰富和发展了中国特色社会主义。

习近平总书记系列重要讲话形成了系统完整的思想理论体系，是中国特色社会主义理论体系最新成果，是马克思主义中国化最新成果。习近平总书记以21世纪中国马克思主义创新的巨大理论勇气，科学地回答了新一代马克思主义者面对的时代课题与实践挑战，以实现中华民族伟大复兴为居于引领地位的宏伟奋斗目标和凝聚13亿多中国人民的共同梦想，在中国特色社会主义的必由之路上，协调推进"四个全面"战略布局，牢固树立"五大发展"

理念，统筹推进政治、经济、文化、社会、生态文明五位一体建设，发展和创新马克思主义及中国特色社会主义，升华了马克思主义发展新境界，续写了中国特色社会主义事业新篇章。

呈现在读者面前的《我们的核心价值观》丛书，就是在上述背景下撰写和推出的。这是努力以习近平总书记的系列重要讲话精神为指导，尽力结合以习近平同志为核心的党中央治国理政新理念新思想新战略，试图以通俗的方式阐述社会主义核心价值观的丛书，分《总论篇》《国家篇》《社会篇》《公民篇》四册来解读。我们希望在思想理论界以往的社会主义核心价值体系研究、社会主义核心价值观研究的基础上，结合十八大以来新的发展形势，写出一些新意。

我们看到，党的十八大以来，党中央高度重视培育和践行社会主义核心价值观。习近平总书记多次作出重要论述、提出明确要求。中共中央政治局围绕培育和弘扬社会主义核心价值观、弘扬中华传统美德进行集体学习。中共中央办公厅下发《关于培育和践行社会主义核心价值观的意见》，中共中央办公厅、国务院办公厅还联合印发了《关于进一步把社会主义核心价值观融入法治建设的指导意见》。党中央的高度重视和有力部署，为加强社会主义核心价值观教育实践提供了遵循依据，指明了努力方向。

社会主义核心价值观是习近平总书记系列重要讲话的重要内容,是以习近平同志为核心的党中央治国理政的重要内容。培育和践行社会主义核心价值观,用社会主义核心价值观凝心聚力,正在成为我们时代的文化最强音。

社会主义核心价值观是党的十八大提出的,即富强、民主、文明、和谐,自由、平等、公正、法治,爱国、敬业、诚信、友善。这 24 个字把涉及国家、社会、公民三个层面的价值要求融为一体,全面呈现了我们的国家、我们的社会、我们的公民应有的精神面貌与内在气质。

要把社会主义核心价值观内化于心、外化于行,就必须将习近平总书记关于社会主义核心价值观的一系列重要论述,贯彻到我们的工作与生活中去。

社会主义核心价值观与我们每个人的道德修养紧密相关。习近平总书记在 2013 年全国宣传思想工作会议上的讲话中指出:“要加强社会主义核心价值体系建设,积极培育和践行社会主义核心价值观,全面提高公民道德素质,培育知荣辱、讲正气、作奉献、促和谐的良好风尚。”他还于 2013 年在山东考察时指出:“国无德不兴,人无德不立。必须加强全社会的思想道德建设,激发人们形成善良的道德意愿、道德情感,培育正确的道德判断和道德责任,提高道德实践能力尤其是自觉践行能力,引导人们向往和追求讲道德、尊道德、守道德的生活,形成向上的力量、向善的力量。只要中华民族一代接着一代追求美好崇高的道德境界,我们的民族就永远充满希望。”

社会主义核心价值观体现当代中国人对世界的精神贡献。2013年12月,习近平总书记在中共中央政治局第十二次集体学习时的讲话中指出:“当代中国价值观念,就是中国特色社会主义价值观念,代表了中国先进文化的前进方向。我国成功走出了一条中国特色社会主义道路,实践证明我们的道路、理论体系、制度是成功的。要加强提炼和阐释,拓展对外传播平台和载体,把当代中国价值观念贯穿于国际交流和传播方方面面。中国梦的宣传和阐释,要与当代中国价值观念紧密结合起来。中国梦意味着中国人民和中华民族的价值体认和价值追求,意味着全面建成小康社会、实现中华民族伟大复兴,意味着每一个人都能在为中国梦的奋斗中实现自己的梦想,意味着中华民族团结奋斗的最大公约数,意味着中华民族为人类和平与发展作出更大贡献的真诚意愿。”

社会主义核心价值观是当代中国文化软实力的核心体现。2014年2月,习近平总书记在中共中央政治局第十三次集体学习时的讲话中指出:“核心价值观是文化软实力的灵魂、文化软实力建设的重点。这是决定文化性质和方向的最深层次要素。一个国家的文化软实力,从根本上说,取决于其核心价值观的生命力、凝聚力、感召力。培育和弘扬核心价值观，有效整合社会意识，是社会系统得以正常运转、社会秩序得以有效维护的重要途径，也是国家治理体系和治理能力的重要方面。历史和现实都表明，构建具有强大感召力的核心价值观，关系社会和谐稳定，关系国家长治久安。”

社会主义核心价值观具有深厚的中华优秀传统文化根基。正如习近平总书记2013年3月在十二届全国人大一次会议闭幕会上的讲话中所指出的：“中华民族具有5000多年连绵不断的文明历史，创造了博大精深的中华文化，为人类文明进步作出了不可磨灭的贡献。经过几千年的沧桑岁月，把我国56个民族、13亿多人紧紧凝聚在一起的，是我们共同经历的非凡奋斗，是我们共同创造的美好家园，是我们共同培育的民族精神，而贯穿其中的、最重要的是我们共同坚守的理想信念。”在2014年2月中央政治局第十三次集体学习时，习近平总书记谆谆告诫我们：“培育和弘扬社会主义核心价值观必须立足中华优秀传统文化。牢固的核心价值观，都有其固有的根本。抛弃传统、丢掉根本，就等于割断了自己的精神命脉。博大精深的中华优秀传统文化是我们在世界文化激荡中站稳脚跟的根基。中华文化源远流长，积淀着中华民族最深层的精神追求，代表着中华民族独特的精神标识，为中华民族生生不息、发展壮大提供了丰厚滋养。中华传统美德是中华文化精髓，蕴含着丰富的思想道德资源。不忘本来才能开辟未来，善于继承才能更好创新。对历史文化特别是先人传承下来的价值理念和道德规范，要坚持古为今用、推陈出新，有鉴别地加以对待，有扬弃地予以继承，努力用中华民族创造的一切精神财富来以文化人、以文育人。要讲清楚中华优秀传统文化的历史渊源、发展脉络、基本走向，讲清楚中华文化的独特创造、价值理念、鲜明特色，增强文化自信和价值观自信。要认真汲取中华优秀传统文化的思想精华和道德精髓，大力弘扬以爱国主义为核心的民族精神和以改革创新为核心的时代精神，深入挖掘和阐发中华优秀传统文化讲仁爱、重民本、守诚信、崇正义、尚和合、求大同的时代价值，使中华优秀传统文化成为涵养社会主义核心价值观的重要源泉。要处理好继承和创造性发展的关系，重点做好创造性转化和创新性发展。”

社会主义核心价值观必将成为中国人民屹立于世界民族之林的文化标识。2014 年 2 月，在省部级主要领导学习贯彻十八届三中全会精神全面深化改革专题研讨班开班式上的讲话中，习近平总书记说：“要大力培育和弘扬社会主义核心价值体系和核心价值观，加快构建充分反映中国特色、民族特性、时代特征的价值体系。坚守我们的价值体系，坚守我们的核心价值观，必须发挥文化的作用。民族文化是一个民族区别于其他民族的独特标识。要加强对中华优秀传统文化的挖掘和阐发，努力实现中华传统美德的创造性转化、创新性发展，把跨越时空、超越国度、富有永恒魅力、具有当代价值的文化精神弘扬起来，把继承优秀传统文化又弘扬时代精神、立足本国又面向世界的当代中国文化创新成果传播出去。只要中华民族一代接着一代追求美好崇高的道德境界，我们的民族就永远充满希望。”

遵循和响应党中央、习近平总书记的部署和号召，中国大地上兴起了培育和践行社会主义核心价值观的热潮；社会主义核心价值观建设朝着全方位推进、全领域覆盖发展，成为巩固全党全国各族人民团结奋斗的共同思想基础。

本丛书特别强调，社会主义核心价值观是“我们的核心价值观”，并以此为本丛书名称。这是为什么呢？

众所周知，马克思主义价值观，是建立在科学的实践观基础之上的，认为实践的观点乃是理解各种价值现象的钥匙。在阶级社会，人们的价值标准或价值规范受其阶级地位的规定和影响。不同阶级的需要、利益、兴趣、愿望往往不同，甚至彼此对立。对于是非、善恶、美丑等，也有不同的评价标准。

从实践的观点出发，一定时代的人们的价值标准，总是植根于当时人们生活的物质条件，必然受当时社会历史条件的制约，总要打上相应时代的历史印记。因此，价值观在本质上是一个社会历史范畴，不存在永恒不变的价值标准和价值体系。马克思主义哲学反对任何在价值上超越历史的观点，对任何社会现象的评价都不能离开当时的历史条件。

同时，我们也要认识到，任何价值观都是从属于世界观的。换言之，有不同的世界观，其价值观也必然不同。对于共产主义者来说，实现无产阶级和全人类的解放即实现共产主义，是他们的全部社会活动所追求的最高价值。需要认识到，核心价值观并不是简单地在价值观前面加上"核心"二字而已。核心价值观应该是一种思想共识。这种思想共识是在最一般和最高层面上形成的，是一个阶级和政党、国家在最基本问题上的共识。习近平总书记说，核心价值观承载着一个民族、一个国家的精神追求和最高境界，就说明了这个道理。

中国改革开放向纵深发展的今天，社会主义核心价值观的提出，正是承载着中华民族、中国的精神追求和最高境界，代表着现代中华民族之魂，是彰显中华民族之魂的重要标志。

我们认为，富强、民主、文明、和谐，自由、平等、公正、法治，爱国、敬业、诚信、友善，从国家、社会、公民三个层面，成为统摄中华民族精神世界的国家之魂、社会之魂、公民之魂，是中华民族精神世界丰富和发展的需要，是中国改革开放向纵深发展对精神文明建设提出的新要求，是现实的需要，是发展大势的需要。归根结底，是一种客观世界的需要，也是主观世界的需要。这也就是说，社会主义核心价值观成为中华民族之“魂”，是现实的、可能的，是正逢其时的。

事实上，中国共产党作为执政党提出的三个倡导，即在三个层面（国家、社会、公民）上提出倡导和主张，不仅表明了执政党的决心，也是中国共产党代表先进文化的前进方向的具体体现。这三个倡导，完全符合中国共产党的纲领。这三个倡导，有如三面镜子。现实生活中，国家、社会和公民，都离不开镜子，都要照镜子。在三面镜子前，中国共产党人和广大人民群众，每天都要照镜子，要认真对照、反省自己是否遵循了核心价值观。

从国家层面看这面镜子，就是要时刻对比和反思，我们的国家是否正朝着实现“两个一百年”奋斗目标和中华民族伟大复兴中国梦的社会主义现代化的方向前进，能否真正成为富强、民主、文明、和谐的社会主义现代化强国。此后，还要向新的日标继续前进。

从社会层面看这面镜子，就是要对现实社会作出分析和考量，看看我们的社会距离自由、平等、公正、法治还有没有距离，如何不断缩短这一距离，达到和实现社会主义条件下的自由、平等、公正、法治。

从公民层面看这面镜子，就是要不断提高公民的整体思想素质，看看中华民族的精神状态是什么，是否真正达到了爱国、敬业、诚信、友善，并能够在实际行动中充分表现出来。

这三面镜子要经常照，反复照，时照时新，而且越照越有信心和动力。照镜子的过程，是思想自我更新、不断升华的过程。同时，在照镜子的过程中，还要经常擦拭这三面镜子，使镜子更明亮，更清晰，从而使镜子和照镜者融合在一起，实现主体和客体相统一的最高境界。

我们的核心价值观，是在中国独特的文化传统、独特的历史命运、独特的基本国情的基础上构建起来的，绝不是照抄和照搬西方资本主义世界的主流价值观。从这个意义上说，我们的核心价值观，属于中国，属于中国人民，具有中国特色，不同于西方，更不是对西方“普世价值”的拷贝和翻版。中国和西方是有一些共同的价值观，可以相互借鉴并交相辉映，但是用西方国家的价值观来取代中国的核心价值观，是不可取的，也是不能接受的。从另一个角度说，世界的文明发展是多元的，也是多彩的；东方文明从历史上看，对世界文明发展作出了独特的贡献，是不可或缺的。因而，把西方一些价值观捧得过高，说成是“普世价值”，是不符合世界历史发展事实的。

这也就是说，我们的核心价值观，是社会主义的核心价值观，它姓“社”不姓“资”、姓“中”不姓“西”，这都是从本质上对核心价值观的表述和判断。这就是核心价值观的“品格”。社会主义核心价值观的品格，从姓“中”不姓“西”的意义上来讲，它们是对中华民族优秀传统文化的继承和发展，传承着传统文化的精华。这一品格的彰显，具有核心价值观独特的魅力。

我们还应认识到，我们的核心价值观属于中华各民族。具体来说，社会主义核心价值观不是某一个单一民族的价值观，而是属于中华民族的每一个民族，是56个民族共同的价值观。对此问题，理论界较少论及。我们认为，讲我们的核心价值观，把这个问题说清楚，具有重大的现实意义。

自古以来，中国就是一个多民族的国家。从文化传统来说，中华民族文化的多样性与同一性，是其根本特征。中华民族文化多样性表现在两个方面：一是民族文化的多样性，56个民族都有自己的独特传统，都有自己的文化特色；二是地域文化的多样性，中国地域辽阔，各地区均有自己的文化特色。中国共产党遵循了马克思主义民族观，也是在中华民族多元一体的思想基础上，治理这个统一的多民族国家。实行民族区域自治这一基本政治制度，体现了中国共产党在治理多民族国家中的制度创新。也正是在这一基础上，中国共产党提出了“两个共同”：共同团结奋斗，共同繁荣发展；“三个离不开”：汉族离不开少数民族，少数民族离不开汉族，各少数民族之间也互相离不开；“四个认同”：对伟大祖国、对中华民族、对中华文化、对中国特色社会主义道路认同；“五个维护”：维护社会主义民主、维护社会主义法制、维护人民群众根本利益、维护祖国统一、维护民族团结。这些政策得到了 56 个民族的赞同、支持和拥护。

无疑，社会主义核心价值观是对中华民族优秀传统文化的继承。事实上，我们还应看到，社会主义核心价值观是对中华民族优秀传统文化的超越和发展。无论从思想内容还是时代高度来看，社会主义核心价值观都远远超越了中华优秀传统文化。一是它体现了传统与现代的统一。这些关键词在传统文化中不同时期有不同的内容和意义，随着社会变迁和时代发展，特别是在社会主义社会，又有更新的内容和阐释。二是它体现了继承与超越的统一。社会主义核心价值观虽然继承了中华民族的优秀传统文化，但不是简单地照抄照搬，而是在原有思想基础上的进一步升华，显示了与时俱进和时代的超越性。三是它体现了民族性与时代性的统一。社会主义核心价值观体现了中国风格和中国气派，具有民族性；同时，它也是在世界发展的大背景下，包括借鉴西方文明成果的背景下而彰显时代性的，因而也是民族性和时代性的统一。

同时，我们也认识到，我们的价值观，是世界文明的组成部分，是对人类“共同价值”的追求和贡献。我们追求的是真正的世界大同。我们不承认凌驾于世界各国的西方“普世价值”。但是，我们认为世界各国人民在追求“真、善、美”的过程中，具有共同价值。中国人民和世界人民心连心、手挽手，追求的是人类“共同价值”，不是西方“普世价值”，这是毋庸置疑的，也是应该说清楚的。

综上所述，我们的核心价值观，是社会主义核心价值观。社会主义核心价值观的确立和践行，既是对资本主义价值观的扬弃和超越，也是社会主义文明的自我发展。

应该说，社会主义文明的自我发展，特别是中国特色社会主义精神文明建设的深入发展，决定了我们的核心价值观必须具有中国风格、中国气派，是具有中国特色的社会主义核心价值观。

我们的核心价值观，是对资本主义价值观的扬弃和超越。既然是扬弃和超越，就无可避免其中有资本主义价值观的要素和影子，例如民主、自由、公正、平等，也用了同样的词汇，但是在本质上已具有根本性的区别。我们的核心价值观，更重要的是具有中国风格、中国气派，是属于中华民族自己的核心价值观。例如和谐、敬业、诚信、友善等，这里面中国的元素占据了主要成分和内容。培育和践行社会主义核心价值观,目前在中国大地上已经形成了全覆盖的一种态势,形成一种中国气派,成为一道风景线。培育和践行社会主义核心价值观,重要的不单单是在形式上造势,而是扎扎实实落实在人们的行动中。正如习近平总书记所说,要使社会主义核心价值观像空气一样,无所不在,无处不有,无时不有。我们将始终坚持培育和践行社会主义核心价值观,成为一种“常态”,潜移默化,润物细无声,于细微处见精神,这也是一种中国风格和中国气派。

我们认为,如果说实现中国梦的实践基础是中国特色社会主义道路,理论基础是中国特色社会主义理论体系,制度基础是中国特色社会主义制度;那么,实现中国梦的主体——中华民族的精神世界,就是社会主义核心价值观。因此,树立和践行社会主义核心价值观,是时代的呼唤,执政党的倡导,民心所向!我们坚定地相信,通过培育和践行社会主义核心价值观,中国将以崭新的面貌屹立于世界的东方,中国人民也将以崭新的风姿屹立于世界民族之林,从而彰显我们的核心价值观的独特魅力!

我们的核心价值观,无愧于伟大的时代。正如 2016 年 5 月 17 日习近平总书记在哲学社会科学工作座谈会上的讲话中所说的:“我们不能辜负了这个时代。自古以来,我国知识分子就有‘为天地立心,为生民立命,为往圣继绝学,为万世开太平’的志向和传统。一切有理想、有抱负的哲学社会科学工作者都应该立时代之潮头、通古今之变化、发思想之先声，积极为党和人民述学立论、建言献策，担负起历史赋予的光荣使命。”而《我们的核心价值观》丛书，就是践行习近平总书记系列讲话精神的一个尝试，如是之。

目　录

导论　丰富人民精神世界，增强人民精神力量

2012年11月8日，中国共产党第十八次全国代表大会在北京召开。

自此，改革开放的中国，又进入了一个新的时期，中国特色社会主义建设的伟大事业，继续向纵深发展。

党的十八大报告指出："大力弘扬民族精神和时代精神，深入开展爱国主义、集体主义、社会主义教育，丰富人民精神世界，增强人民精神力量。倡导富强、民主、文明、和谐，倡导自由、平等、公正、法治，倡导爱国、敬业、诚信、友善，积极培育和践行社会主义核心价值观。"

这是中国共产党作为执政党，以丰富人民精神世界和增强人民精神力量为目的，从国家、社会、公民三个层面上，对社会主义核心价值观的最新概括。

"富强、民主、文明、和谐，自由、平等、公正、法治，爱国、敬业、诚信、友善"这一最新概括，向中国人民和全世界昭示：

这是新时期中国共产党倡导的核心价值观。

这是新时期中华民族努力塑造的精神世界。

这是新时期中国人民得以支撑的精神力量。

这就是社会主义核心价值观。

党的十八大以来,党中央高度重视培育和践行社会主义核心价值观。习近平总书记多次作出重要论述、提出明确要求。中共中央政治局围绕培育和弘扬社会主义核心价值观、弘扬中华传统美德进行集体学习。中共中央办公厅下发《关于培育和践行社会主义核心价值观的意见》。党中央的高度重视和有力部署,为加强社会主义核心价值观教育实践指明了努力方向,提供了遵循依据。

遵循和响应中共中央的部署和号召,在中国共产党的领导下,从中央到地方,培育和践行社会主义核心价值观的热潮,在中国大地上兴起;社会主义核心价值观建设朝着全方位推进、全领域覆盖发展;扎扎实实地努力实现社会主义核心价值观内化于心外化于行,巩固全党全国各族人民团结奋斗的共同思想基础。

培育和践行社会主义核心价值观,是凝魂聚气、强基固本的基础工程。因此,这不是一场运动,也不是吹一阵风,更不可能一蹴而就。因此,要坚持不懈、持之以恒地贯彻落实,要高水准、高质量地实施这项基础工程。

让我们牢记"富强、民主、文明、和谐,自由、平等、公正、法治，爱国、敬业、诚信、友善”这24个字、12组词，这就是我们的核心价值观。让我们坚定地培育和弘扬社会主义核心价值观，努力塑造、不断丰富、发展完善中国人民的精神世界和精神家园。

一、话说中华民族的精神世界

（一）核心价值观，是精神世界的灵魂

说到中华民族的精神世界，不得不从中国古代文明谈起。

中华民族的精神世界，是中国文明的组成部分。中国文明中的古代文明，是一个非常古老的文明。中华民族具有五千多年的文明史，灿烂辉煌。

世界文明古国不只有古代中国，还有巴比伦、古埃及、古印度，古代美索不达米亚平原、两河流域的文明都非常古老。但是，这些古老文明都断绝了。还有古希腊、古罗马文明，也在中世纪就中断了。只有中国文明绵延五千年不断，这在人类历史上是一个伟大的奇迹。

自古以来中国就是世界上人口最多、领土最辽阔的国家之一。中国文明的影响极为广泛，不只是在东亚、东南亚具有巨大影响，甚至影响到世界更远的地方，而且影响

持续长久。之所以有这样大的影响,和中国文明绵延五千年没有中断有直接关系。所以我们说,中国古代文明是在世界上公元以前独立起源的文明中,唯一的一直延续到今天的文明。这是值得世界上所有的华人华裔自豪的。

当然,也曾经有些人质疑中国五千年文明史,认为从年代学来看,中国夏商周三个朝代的年表不清晰,确切的历史年代只能上推到公元前 841 年,即西周共和元年。这是司马迁的《史记》里最早的一个年表即《十二诸侯年表》记载的。再往前推,则时隐时现、或明或暗,具体年表则比较模糊了。即便是从古代流传下来和现代不断发现的文献、甲骨文、金文、天文记录等,对东周之前的史实作了无数次论证与推断,但由于历史本身的纷繁杂乱以及研究条件所限,司马迁当年所推定的公元前 841 年以前的历史纪年,依然是迷雾重重,难以廓清。中国五千年文明的链条,特别是自黄帝以来至夏、商、西周三代的确切纪年,便成为最撩人心弦、催人遐想的千古学术悬案。

1996 年 5 月 16 日,中国科学界正式启动举世瞩目的夏商周断代工程。这一工程由当时的国家科委、国家自然科学基金会、中国科学院、中国社会科学院、国家教委、国家文物局、中国科协共七个部委单位,邀请了自然科学、人文社会科学等不同学科领域的一批专家学者参加。会上聘请四位首席科学家,组长由著名历史学家李学勤研究员担任，副组长由北京大学考古系主任李伯谦教授、中国科学院自然科学史研究所原所长席泽宗院士、中国社会科学院考古研究所仇士华研究员担任。他们所从事的研究，代表自然科学和人文社会科学中的四个大的门类：一个是历史学，一个是考古学，一个是天文历算，一个是科技测年技术。

夏商周断代工程，得到了党和国家的亲切关怀与支持，直接参加的专家学者达到了200人。经过5年的集体攻关，最后制定了夏商周年表。2000年11月9日，《夏商周年表》正式出台，这是我国迄今最具科学依据的古代历史年表。这个年表为我国公元前841年以前的历史建立起1200余年的三代年代框架，夏代的始年为公元前2070年，商代的始年为公元前1600年，盘庚迁殷为公元前1300年，周代始年为公元前1046年。其中对夏代的始年、夏商分界年代、武丁在位年代和武王克商年代的估定具有重要创新意义，不但为进一步对夏商周的年代精确化创造了良好的条件，还为继续探索中华文明起源及早期发展，为揭示五千年文明史起承转合的清晰脉络打下了坚实基础，做出了重要贡献。

夏商周年表定位夏代的始年为公元前2070年，那么，它与中华民族的精神世界有什么关系呢？这里需要讲一个中国的老百姓都知道的大禹治水的故事。

（二）大禹治水事迹的“德”

公元前2070年以前，中国的黄河流域洪水为患，尧命鲧负责领导与组织治水工作。鲧采取“水来土挡”的策略治水。鲧治水失败后由其独子禹担当治水大任。当时，大禹刚刚结婚才四天，他的妻子涂山氏是一位贤惠的女人，同意丈夫前去，大禹洒泪和自己的恩爱妻子告别，踏上了征程。

大禹带领着伯益、后稷和一批助手，跋山涉水，风餐露宿，走遍了当时中原大地的山山水水。他吸取了父亲采用堵截方法治水的教训，发明了一种疏导治水的新方法，其要点就是疏通水道，使得水能够顺利地东流入海。大禹每发现一个地方需要治理，就到各个部落去发动群众来施工。每当水利工程开始的时候，他都和人民在一起劳动，同甘共苦，挖山掘石，披星戴月地干。他治水三过家门而不入，有一次他路过自己的家，听到小孩的哭声，那是他的妻子涂山氏刚给他生了一个儿子，他多么想回去亲眼看一看自己的妻子和孩子，但是一想到治水任务如此艰巨，只得向家中那茅屋行了一个大礼，眼里噙着泪水，转身而去。

大禹根据山川地理情况，将中国分为九个州，分别是：冀州、青州、徐州、兖州、扬州、梁州、豫州、雍州、荆州。他的治水方法是把整个中国的山山水水当作一个整体来治理。他先治理九州的土地，该疏通的疏通，该平整的平整，使得大量的地方变成肥沃的土地。然后他治理山，经他治理的山有岐山、荆山、雷首山、太岳山、太行山、王挝山、常山、砥柱山、碣石山、太华山、大别山等，就是要疏通水道，使得水能够顺利往下流去，不至于堵塞水路。山路治理好了以后，他就开始理通水脉，长江以北的大多数河流都留下了他治理的痕迹。

大禹治水讲究的是智慧，如治理黄河上游的龙门山就是如此。龙门山在梁山的北面，大禹将黄河水从甘肃的积石山引出，不料水被疏导到梁山时，被龙门山挡住了，流不过去。大禹察看了地形，觉得这地方非得凿开不可，但是偌大一个龙门山如何开凿？大禹选择了一个最省工省力的地方，只开了一个80步宽的口子，就将水引了过去。因为龙门太高了，许多逆流而上的鱼到了这里，就游不过去了。许多鱼拼命地往上跳，但是只有极少数的鱼能够跳过去，这就是“鲤鱼跳龙门”传说的由来。

大禹治水一共花了13年的时间，正是在他的手下，咆哮的河水失去了往日的凶恶，驯服地、平缓地向东流去，昔日被水淹没的山陵露出了峥嵘，农田变成了粮仓，人民又能筑室而居，从此过上了幸福富足的生活。

过去，人们都把大禹治水的故事，当作神话。现在有了夏商周年表，人们有理由进一步追问大禹治水的真实性。无独有偶,2011 年 9 月 3 日—9 月 11 日,“中国保利青铜器国宝展”在成都隆重举行,32 件商周和春秋战国时期的青铜器,件件都有自己的故事。其中记录大禹治水故事的“遂公盨”则以证实了神话传说的真实性而倍受关注。

遂公盨是国家一级文物。它是 2002 年春天由北京保利艺术博物馆专家在海外文物市场上偶然发现并收藏的。这件青铜器的本来作用是一件食具,原本有盖,现已缺失。从外观上看,这件青铜器其貌不扬,但它的价值在于内底所铸的 98 个字的铭文。铭文清楚明白地记述了“大禹治水”与“为政以德”等内容,是目前所知中国最早的关于大禹治水及德治的文献记录。

中国夏商周断代工程专家组组长兼首席科学家、中国社会科学院历史研究所原所长李学勤经研究认为,这件铜盨为遂国国君所制。遂国是中国古史传说中“三皇五帝”之一的舜的后人建立的。上所铸铭文字体优美,行款疏朗,且字字珠玑,几无废言。同时,在器身铭文中 6 次提到“德”字,这也是目前所发现的,关于德字的最早古文字出土记录。

铭文开篇就说道“天命禹敷土,随(堕)山濬川”,记述了大禹采用削平一些山冈、堵塞洪水和疏导河流的方法,治平了水患,并划定九州,还根据各地土地条件的不同规定各自的贡赋。在洪水消退后,那些为躲避洪水而逃到丘陵山冈之上的民众下山，重新定居平原之上。由于有功于民众，大禹得以成为民众之王、民众之“父母”。随后，铭文又以大段文字阐述德与德政，并教诲民众以德行事。

李学勤表示，铭文中所述“禹”是夏王朝的奠基人。没有大禹，便没有夏，更没有“华夏”。但大禹是否真有其人，夏王朝是否存在，长期以来广受争议。遂公盨的发现，将大禹治水的文献记载提早了六七百年，是目前所知年代最早也最为翔实的关于大禹的可靠文字记录，表明早在2900年前人们就广泛传颂大禹的功绩。

整篇铭文堪称一篇政论性质的散文，其文辞、体例为现存两周金文中所未见，却与现存《尚书》等古代文献十分接近，对探讨中国古书及文章的起源有重要价值。正因如此，这篇铭文被誉为“两周金文之最”。至今国际上已先后召开4次遂公盨研讨会，可见其历史价值非比寻常。

大禹治水的事迹告诉我们，什么是治水英雄的精神世界。他“三过家门而不入”，一心一意为百姓谋幸福。大禹的精神被世人敬仰，代代相传。他的精神世界的核心是“德”。大禹接过治水的重任，采用“疏”的办法，成功了。特别引人注意的是铭文中6次出现的“德”字，这是对大禹精神的最高概括，也是对大禹事迹的最大褒奖。

德是中国传统伦理中的一项重要内容，在精神世界中占有重要地位。我们今天讲的所谓“道德”“德行”“品德”

“恩德”等，都是对“德”的具体化。遂公盨铭文中前后6处出现“德”，内涵颇为宽泛，如要求民众既要注重自身的修身养性，做人要“齐明中正”，还要做到孝顺父母、兄弟友善、婚姻和谐，注重对祖先和神灵的祭祀。君王及官吏要有德于民，顾念天下黎民百姓，只有这样，百姓才能“好其德”，君王统治才能长治久安，天下才能安定。这不仅是“周人尚德”的实证，还表明2900年前中国关于“德”的思想已相当丰富、系统，“德治”观念已经形成。

这里，有必要说说“德”字。在中国古文字中，“德”是个会意字。在甲骨文中，“德”字的左边是“彳”形符号，它在古文中是表示道路或行动的符号，其右边是一只眼睛，眼睛之上是一条垂直线，这是表示目光直射之意。所以这个字的意思是：行动要正，而且“目不斜视”，这就是“德”。甲骨文“德”字要表达的意思就是目不斜视，一往直前，一心一意去实现你的既定目标。后来“彳”引申为“行为”，“路”也比喻人生之路。甲骨文“德”字所要表达的意思就是走正路，不走斜路、弯路，即不走邪门歪道，不做坏事。我们现在把犯错误叫走了弯路，干坏事叫做不走正道，和古人心里“德”字的这层意思是一致的。

在金文中，“德”的会意就更加全面了，“目”下面又加了“心”，这就是说：目正、心正才算“德”。和甲骨文“直”字相比，金文“直”字下边多了一弯，上边的一竖多了一横。

不要小看了金文“直”字多出的这一弯,它表现了我们上古先民的智慧,闪烁着朴素的辩证法的思想光辉。直和弯,既对立又统一:直就是直,弯就是弯,直不是弯,弯也不是直;但是直和弯又互相依存,没有直,就显不出弯,没有弯,也显不出直,每一方的存在都以对方的存在为前提。所以我们的先民在造金文“直”字时就多加了一弯来映衬那一竖。但为了防止喧宾夺主,又在一竖上面加了一小横用来指事:这才是直。当然,那一小横起初只是一个圆点。古文字的指事很多都是用一圆点来表示的。后来才逐渐改变了模样。“德”字的下面多了一个“心”字,这就不仅使字形发生了改变,也使字的意义发生了变化,至少是它的内涵更加丰富了。

如果说甲骨文“德”字是对人们的行为做出了规范,那么金文“德”字加个“心”字,就是对人们的思想品质做出了相应的要求。从甲骨文“德”到金文“德”似乎只是多了一个“心”字,但却表现了我们的先民对思与行的关系有了更深刻的认识,对思想的重要作用,即思想支配行动,思想指导行动,思想是行动的动力,有了更深刻的认识。

(三)中国古代哲学的“精神”范畴

如上所述,大禹治水的故事和遂公盨铭文里面出现的“德”字,彰显了中华民族古代先人的精神世界。这就需要进一步了解中国古代哲学的“精神”范畴。

在中国古代哲学史上，许多哲学家都探讨过精神范畴。例如，探讨人的形体和人的精神的“形与神”范畴，探讨精神和物质的“心与物”范畴。

先秦诸子百家特别是儒家和道家，都对精神范畴提出了自己的见解。以孔孟为代表的儒家学派和以老庄为代表的道家学派提出的许多范畴，都与精神范畴相联系。例如，儒家提出的中庸、诚、性和情、慎独、浩然之气等范畴，道家学派提出的道、气、精气、玄、虚静、神、真、理、无极、天理等范畴，都从不同视角阐发了对精神范畴的认识和把握。《老子》第七十六章云：“人之生也柔弱，其死也坚强。”据《老子河上公章句》解释：“人生含和气，抱精神，故柔弱也；人死和气竭，精神亡，故坚强”。庄子（《庄子·知北游篇》）提出了精、气、形、神等概念，说“人之生，气之聚也”，“精神生于道，形本生于精，而万物以形相生”。《淮南子》认为，“精神者，所受于天也；而形体者，所禀于地也”。东汉初年，桓谭提出“以烛火喻形神”，提出“精神居形体，犹火之然（燃）烛矣。如善扶持，随火而侧之，可毋灭而竟烛。烛无，火亦不能独行于虚空，又不能后然（燃）其灺。灺犹人之耆老，齿堕发白，肌肉枯腊，而精神弗为之能润泽，内外周遍，则气索而死，如烛之俱灭矣”。在心和物的范畴上，《管子》《墨经》等也都阐发了对“心”的认识，内含着对精神的理解。如《管子》的“心者也，智之舍也”，墨家的“虑，求也”，《黄帝内经》的“心者，君主之官也，神明出焉”，《淮南子》的“神者，心之实业”，等等。

在中国近代思想史上，严复、谭嗣同、梁启超等对心和物范畴的认识，有许多合理思想，做出过重要贡献。特别是孙中山先生把心和物的范畴上升到精神和物质的范畴上，深刻地把握了精神的内涵，在此基础上，提出了“革命精神”的概念。他认为“总括宇宙现象，要不外物质和精神二者”，“精神虽为物质之对，然实相辅为用。”他说：“人类而失精神，则必非完全独立之人。……人者，有精神之用，非专恃物质之体也。我既为人，则当发扬我之精神，亦即所以发扬为人之精神，故革命在乎精神。革命精神者，革命事业之所由产出也。”

我们从中国古代到近代哲学思想家们对“精神”范畴的探索中可以看出，无论是儒家还是道家，今天中国老百姓所推崇的“精、气、神”，都是有根据的。“精、气、神”是人们精神世界的核心部分，中华民族的精神世界离不开“精、气、神”。特别是近代以来，为了中华民族的伟大复兴，孙中山先生提出的“革命精神”，对于中国革命起到了重大影响。

无数仁人志士和革命家、思想家、理论家继续对中华民族精神进行探索，寻求真理，找到了马克思主义。中国共产党成立以来，通过艰苦卓绝的斗争，努力塑造和建立了中国工人阶级和劳苦大众的世界观、人生观、价值观，最终取得了胜利，建立了新中国。

（四）李大钊视革命信仰高于一切

李大钊，字守常，河北乐亭人，生于 1889 年 10 月 29 日。1907 年考入天津北洋法政专门学校，1913 年毕业后东渡日本，入东京早稻田大学政治本科学习。回国后任北京大学教授，传播马克思主义，发表了《庶民的胜利》《布尔什维主义的胜利》等著名论文，积极领导了五四运动。

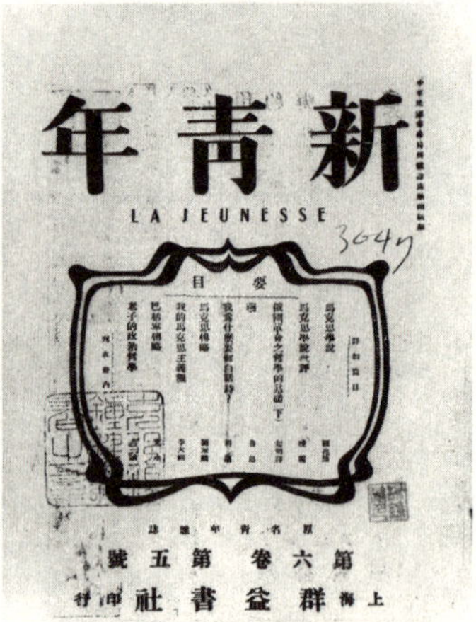

《新青年》封面

李大钊像

李大钊在《庶民的胜利》一文中，热情地歌颂了十月革命是劳工主义的胜利，是庶民的胜利。在 1919 年《新青年》上，他发表了《我的马克思主义观》。这篇文章是李大钊成为马克思主义者的标志。在此前后，李大钊不仅亲自撰文，在《新青年》上办了“马克思研究”专号，还帮助《晨报》副刊开辟了一个“马克思研究”专栏。1920 年，李大钊除继续撰写大量的宣传马克思主义的文章外，还与邓中夏、高君宇等在北京大学秘密发起了一个马克思学说研究会。

李大钊视革命信仰高于一切，是青年人的良师益友。在他的影响下，许多先进青年在五四时期成为具有初步共产主义思想的知识分子，并很快地成为马克思主义者。他被毛泽东视为“真正的老师”。这是因为五四时期，李大钊和毛泽东曾在北京大学图书馆有过一段一起共事的经历，后来，两人又长时间保持密切的交往。正是由于有了这段经历和后来长时间的密切交往，毛泽东由一个革命民主主义者转变成为一个马克思主义者。李大钊为毛泽东早期思想的变化与发展，创造了必要的条件。

在早期的中国共产党人中间，李大钊是精神领袖。1920 年秋，李大钊正式担任北大教授后，利用高等学校的讲坛，继续扩大马克思主义的宣传。由于李大钊在传播马克思主义中的历史贡献和作用，又由于他和陈独秀一起积极从事组建中国共产党的活动，因而在思想界的先驱者中享有“南陈北李”的崇高声誉。

1920 年他在北京成立共产主义小组。1921 年中国共产党成立后，他代表党中央全面指导北方工作。1926 年 3 月，李大钊领导并亲自参加了北京人民反对日、英帝国主义和反对军阀张作霖、吴佩孚的斗争。北洋军阀段祺瑞执政府制造了“三一八”惨案，北京陷入一片白色恐怖。李大钊在极端危险和困难的情况下，继续领导党的北方组织，坚持革命斗争。

1927 年 4 月 6 日，奉系军阀张作霖勾结帝国主义，闯进苏联大使馆驻地，逮捕了李大钊等 80 余人。李大钊备受酷刑，在监狱中，在法庭上，始终大义凛然，坚贞不屈。4 月 28 日，奉系军阀不顾广大人民群众和社会舆论的强烈反对和谴责，悍然将李大钊等 20 位革命者绞杀在西交民巷京师看守所内。李大钊第一个走上绞架，从容就义，时年 38 岁。

“铁肩担道义，妙手著文章”成为李大钊一生的真实写照。我们要永远纪念李大钊。现在，社会上出现一种历史虚无主义思潮，其中包括否定李大钊的革命事迹和精神，对此我们必须有所警惕，拒绝和否定历史虚无主义。

(五)曾志为了中国革命的胜利舍得一切

曾志，女，无产阶级革命家。生于 1911 年 4 月 4 日，今湖南省宜章县城关镇人。1924年秋,曾志考入衡阳省立第三女子师范学校。在校期间,积极参加反对旧礼教、反对男女不平等、反对官僚军阀的活动。1926年8月,考入衡阳农民运动讲习所,报名时改名“曾志”。有人问她:“为什么要改名?”她回答说:“我就是要为我们女性争志气!”同年10月加入中国共产党。1928年她参加了党领导的湖南暴动,接着上井冈山,担任了红四方面军后方总医院党总支书记。此后又跟随红军转战赣南、闽西打游击,创建革命根据地。

曾志一生十分坎坷。革命战争时期,由于“左”倾路线的迫害,她曾6次蒙受委屈,6次受到严厉的党纪“处分”。家庭生活中,两位伴侣夏明震、蔡协民在血雨腥风的革命斗争岁月里先后为革命捐躯。为了革命,曾志将三个亲生儿子先后送人抚养。她只有一个信念:为了中国革命的胜利我舍得一切。1938年曾志与正在福州从事地下工作的陶铸同志结婚,可婚后不到一年,陶铸同志又被捕入狱,5年杳无音讯。尽管如此,曾志依然在闽东一带和叶飞同志一起领导游击战争。曾志与陶铸风雨同舟37载,只育有一女,这就是大家熟悉的陶斯亮。1945年当陶斯亮刚4岁时,根据党的需要,陶铸和曾志同志将被派往东北沦陷区组织敌后游击斗争。恰在这时,曾志同志患了阑尾炎,在做手术时,她考虑到敌后斗争会很残酷,日后还有许多大仗要打，就提出要同时做绝育手术。当组织征求陶铸同志的意见时，陶铸同志用白纸黑字作了回答："尊重曾志同志意见，同意。"术后不久，他们夫妇就奉命奔赴东北战场，临行时，曾志恋恋不舍地把陶斯亮留在延安保育院，交给了一位经过长征考验的战士杨顺卿照看。母女俩分别时，曾志无法知道自己有生之年是否还能和女儿团聚，就十分郑重地对杨顺卿说："我们把这个孩子托付给你了，如果我们回不来，这个孩子就是你的。"她和陶铸同志在向毛主席辞行时明确表示："为了革命，决不考虑个人得失，随时准备献出自己的一切。"当时毛主席由衷地赞叹道："这才是陶铸和曾志！"在艰苦岁月里，每当革命和家庭生活发生矛盾时，曾志同志总是这样"开怀天下事，不言身与家"。

"文革"开始不久后，陶铸同志被从广东调到北京，任中共中央书记处常务书记兼"文革"办公室主任。不久，在党的八届十一中全会上成为名列毛泽东、林彪、周恩来之后的中央"第四号人物"。但时间不长，1967 年 1 月，陶铸同志由中央"第四号人物"一夜之间变成了"中国最大的保皇派"，全国"打倒陶铸"的"大字报"铺天盖地，口号声此起彼伏，"挂牌批斗"更成了家常便饭，曾志同志也经常被拉去和"刘、邓、陶"一起挨批斗。每次亲眼见到相依为命的丈夫被一拨一拨的人踢来打去，她的心都在颤抖、都在滴血，为了强忍心中的刺痛，她经常把自己的嘴唇咬出血来。无休止的武力批斗，使陶铸同志的身体受到极大的摧残，1969 年初他被查出患了癌症。9 月的一天，刚刚早晨 7 点，曾志就被有关负责人叫了去，告诉她："中苏关系紧张，可能要爆发战争，组织决定陶铸疏散到安徽合肥去，明天就走"。不久，曾志也被遣散到广州，远在大西北的陶斯亮被通知回来为母亲送行。此时北京已是初冬，凉风阵阵，满地落叶，曾志在女儿的陪伴下，匆匆踏上了南下的行程。就在这对母女在半路中转时，得到了陶铸同志在合肥去世的噩耗，这犹如晴天霹雳。陶斯亮听到消息后泪如泉涌，难以自持，而久经风雨的曾志则紧握双手，含悲忍痛。后来曾志回忆说："当时我就坚信，党和国家这种不正常的状态不会持续太久，我们的党有能力将他纠正过来。"

粉碎"四人帮"以后，曾志在中央组织部担任副部长工作期间，参与组织了平反冤假错案和落实干部与知识分子政策的工作，使一大批老干部和科技人才重新走上工作岗位，为国家选拔、培养了很多人才。离休后虽然年事渐高，她依然以国事为重，关心年轻干部的培养，积极支持和参与一些针对年轻干部的教育工作，经常叮嘱他们：坚持信仰，坚持原则，努力工作，为国家效力。晚年，她还十分关心青少年一代的教育问题，指出："目前的反腐倡廉工作，主要是在领导干部和经济领域中展开，然而精神领域中的腐败也应引起我们的高度重视。忽视对下一代的正确引导，忽视下一代全面素质的提高，甚至娇宠下一代，同样是一种腐败，同样危及到我们民族的兴亡。”就是这样一位身居高位，并时时关心着年轻一代进步、成长的革命老人，她自己与蔡协民烈士所生的儿子蔡石红，直到她去世时，仍在革命老区井冈山务农。曾志同志的一生就是这样，国事家事泾渭分明，从不混淆，这已成为她做人做事的原则。她晚年对儿女坦露心迹：“只要为了党的利益和需要，我可以舍弃一切，包括生命。因为我不仅是一个女人，更是一名战士”，“我对我选择的信仰至死不渝，我对我走过的路无怨无悔”。

当生命亮起“红灯”时，曾志想的依然是国家，忘的依然是自己。曾志生前就立下遗嘱要求亲属：“死后不开追悼会；不举行遗体告别仪式；不在家中设灵堂；京外家人不要来，北京的任何战友不要通知……遗体送医院解剖，有用的留下，没用的火化。骨灰埋在我曾工作过的井冈山红军医院旁的树林里。”言辞凿凿，掷地有声。1998 年 6 月 21 日，曾志同志走完了她辉煌的人生历程，魂归苍山。

曾志为党和人民艰苦奋斗了一生，将毕生精力无私地奉献给了中国人民的革命和建设事业，她的高尚品德和优秀情操，赢得了广大干部群众的尊敬和称赞。笔者曾有幸拜访曾志，聆听了她的讲述，目睹了她的风采。她的思想精神和音容笑貌永远留在笔者心中。

（六）革命理想高于天

党的十八大以后，2013 年 1 月 5 日，习近平总书记在新进中央委员会委员、候补委员学习中共十八大精神研讨班上讲话指出，“革命理想高于天。没有远大理想，不是合格的共产党员；离开现实工作而空谈远大理想，也不是合格的共产党员。”

是的，作为共产党员，如果没有远大的共产主义理想，那就不是合格的共产党员；同样，如果不脚踏实地、埋头苦干，而是崇尚空谈、坐而论道，也不是合格的共产党员。同理，作为普通公民和群众，何尝不是如此呢？每个公民都有自己理想和追求，都有支撑自己精神世界的理想和信念。理想和信念是须臾不可或缺的。

习近平总书记特别指出，理想信念问题是一个极其重要的问题，必须经常讲、反复讲。从党和国家发展大局讲，经济建设是中心，同时必须高度注重精神建设、精神力量和精神生活；从党的建设工程讲，权力要被关进制度的笼子，同时必须补足理想信念这个共产党人精神上的“钙”；从党的执政方略讲，人民群众是坚实的执政基础，崇高信仰是党的强大精神支柱，只要我们永不动摇信仰、永不脱离群众，就能无往而不胜。

习近平总书记还说，一个国家、一个民族、一个政党，任何时候任何情况下都必须树立和坚持明确的理想信念。中华民族5000多年沧桑岁月，把56个民族、13亿多人紧紧凝聚在一起的，就是我们共同坚守的理想信念。我们党90多年的历史中，一代又一代共产党人不惜流血牺牲，靠的就是对共产主义的坚定信仰，为的就是实现国家富强、民族振兴、人民幸福的伟大理想。一个没有精神力量的民族难以自立自强，形成强大的物质力量离不开深厚的精神海洋。无论社会怎么发展，无论经济怎么繁荣，如果放弃了对崇高理想信念的追求，我们的国家和民族就不可能巍然屹立于世界。

现在，我们所要坚持的，是中国特色社会主义的理想和信念。这不仅是每个共产党员的理想和信念，也是每个公民群众的理想和信念。习近平总书记特别强调理想和信念的坚定性，2016年10月21日，他在纪念红军长征胜利80周年大会上的讲话中指出："'石可破也，而不可夺坚；丹可磨也，而不可夺赤。'理想信念的坚定，来自思想理论的坚定。认识真理，掌握真理，信仰真理，捍卫真理，是坚定理想信念的精神前提。中国共产党人的理想信念，建立在马克思主义科学真理的基础之上，建立在马克思主义揭示的人类社会发展规律的基础之上，建立在为最广大人民谋利益的崇高价值的基础之上。我们坚定，是因为我们追求的是真理。

我们坚定,是因为我们遵循的是规律。我们坚定,是因为我们代表的是最广大人民根本利益。”这就表明,中国共产党人的理想信念,代表了最广大人民的根本利益,理应得到最广大人民的信任、支持、认同;也正是在最广大人民的支持下,这种坚定性才有可持续性,才能历久弥坚。而当最广大人民也具有理想信念的这种坚定性,我们的事业才能所向披靡,无往而不胜。

二、中华民族精神世界的“魂”在哪里?

在中国共产党人看来,中华民族精神世界的“魂”就是核心价值观。那么,具体来说,什么是核心价值观?这需要进一步解读价值、价值观、核心价值观这些名词术语。

(一)何为价值、价值观、核心价值观?

1.价值

价值属于关系范畴,从哲学认识论上来说,是指客体能够满足主体需要的效益关系,是表示客体的属性、功能与主体需要之间的一种效用、效益或效应关系的范畴。

什么是价值的本质?学术界存在多种观点。

“抽象说”的观点认为,价值是抽象的信念、理想、规范、标准、关系、倾向、爱好、选择等等,它看不见、摸不着,但是却时时、处处起作用，指导人的思想，支配人的行动，评价某一事物就来源于并反映了抽象的理想价值。

“奥妙说”的观点认为，价值是一个深奥的、微妙的概念，包容量大且含义模糊，其内涵和外延难以把握，其精神实质难以领悟。价值绝不是实在，既不是物理的实在，也不是心理的实在。价值的实质在于它的有效性，而不在于它的实际的事实性。价值的最后基础在于人类的自许，在于人类对世界的冀望，在于人类对人性（包括理性和情感）的祈愿。

“关系说”的观点认为，价值是一种关系范畴，表示客体与主体之间的相互联系。德国哲学家文德尔班把价值当作是一种联系和关系，并认为是诸事物之间的联系和关系，而不是专指人类与客观世界的联系和关系，即任何有联系的事物之间都可能存在价值。这样，价值就成了联系和关系的代名词。

“本性说”的观点认为，人们赖以生活的价值是天生的，像包括真、善、美在内的人类的古老价值，以及后来的愉快、正义和欢乐等价值，都是人类本性固有的，是人的生物性质的一部分，是本能的而非后天获得的。

“情感说”的观点认为，价值的源泉在于情感：当合理性遭遇它的限度，对开明的理性的求助不再帮助我们时，那么思维的对位形式即情感可以帮助。情感是通过我们的感觉释放的，它帮助我们感知世界和辨认价值。这里提及的价值是不能测量或计算的价值，只能通过感觉经验或感知领会，例如美的价值。

“意义说”的观点认为，价值是一种关系范畴，表示客体对主体的意义，即客体满足主体需要的关系。

“属性说”或“效用说”或“需要说”的观点认为，价值是指客观事物的一种有用属性。

“劳动量说”的观点认为，价值就是劳动价值，它由劳动者所付出的劳动量来决定。这种价值学说是指马克思主义经济学中指定资本化市场下交易的本质，它是一种特定范畴的价值概念。

“主体性说”或“态度说”的观点认为，价值是主体根据自己的需要自觉地、有意识地赋予客体的属性，它反映了主体对客体的态度。

上述关于价值的观点，可以说是五花八门、多种多样。一些观点从不同角度、不同程度上反映出价值的某些外部或内部特性，有些观点把价值与价值的主观反映混淆起来，并不能全面反映价值的哲学本质。

在马克思主义看来，价值同人的需要有关，但它不是由人的需要决定的，而是有其客观基础。这种客观基础就是各种物质的、精神的现象所固有的属性。就客体的属性满足主体的不同需要而言，价值可以分为物质的、经济的、科学的、道德的、美学的、法律的、政治的、文化的和历史的价值等等。任何价值都有其客观的基础和源泉，都有其客观性。人和客体之间的价值关系，是在现实的人同客体的实际的相互作用过程中，即在社会实践中确立的。只有通过社会实践，人们才能发现客观事物及其属性对自己的实际意义，并自觉地建立起同客观事物之间现实的价值关系。因此，价值的本质就是现实的人同满足其某种需要的客体的属性的关系。

2.价值观

价值观是基于人的一定的思维感官之上而作出的认知、理解、判断或抉择，也就是人认定事物、辩定是非的一种思维或取向，它体现出人、事、物一定的价值或作用；在阶级社会中，不同阶级有不同的价值观念。

任何一种思想在没有被绝对否认之前，这种思想所形成的视角、背景、判断以及它所述说的意义，都会有着一定程度上的客观价值所在，而这种思想的价值则在于它所被认可的程度和意义，就是人对于这种思想的理解感知，这是人性思维里最简单、也是最真实的评定所在，这也就评定出一种思想是否伟大，而这种思想又是否可以成为价值观的由来。

价值观具有如下特点：

一是稳定性和持久性。在特定的时间、地点、条件下，人们的价值观总是相对稳定和持久的。比如,对某种人或事物的好坏总有一个看法和评价,在条件不变的情况下这种看法不会改变。

二是历史性与选择性。在不同时代、不同社会生活环境中形成的价值观是不同的。一个人的价值观是从出生开始,在家庭和社会的影响下,逐步形成的。一个人所处的社会的生产方式及其所处的经济地位,对其价值观的形成有决定性的影响。当然,报刊、电视和广播等宣传的观点以及父母、老师、朋友和公众名人的观点与行为,对一个人的价值观也有不可忽视的影响。

三是主观性。指用以区分好与坏的标准,是根据个人内心的尺度进行衡量和评价的,这些标准都可以称为价值观。

价值观对人们自身行为的定向和调节起着非常重要的作用。价值观决定人的自我认识,它直接影响和决定一个人的理想、信念、生活目标和追求方向的性质。

价值观的作用大致体现在以下两个方面:

(1)价值观对动机有导向的作用。人们行为的动机受价值观的支配和制约,价值观对动机模式有重要影响。在同样的客观条件下,具有不同价值观的人,其动机模式不同,产生的行为也不相同。动机的目的方向受价值观的支配。只有那些经过价值判断被认为是可取的,才能转换为行为的动机,并以此为目标引导人们的行为。

(2)价值观反映人们的认知和需求状况。价值观是人们对客观世界及行为结果的评价和看法,因而,它从某个方面反映了人们的人生观和世界观,反映了人的主观认知世界。

马克思主义价值观,是建在科学的实践观基础之上的,认为实践的观点乃是理解各种价值现象的钥匙。在阶级社会中,人们的价值标准或价值规范受其阶级地位的规定和影响。不同阶级的需要、利益、兴趣、愿望往往不同,甚至彼此对立,对于利害、是非、善恶、美丑等等,也有不同的评价标准。

从实践的观点出发,一定时代的人们的价值标准,总是植根于当时人们生活的物质条件,必然受当时社会历史条件的制约,总要打上相应时代的历史印记。因此,价值观在本质上也是一个社会历史范畴,不存在永恒不变的价值标准和价值体系。马克思主义哲学反对在价值上任何超越历史的观点,对任何社会现象的评价都不能离开当时的历史条件。

同时,也要认识到,任何价值观都是从属于世界观的。换言之,有不同的世界观,其价值观也必然不同。对于共产主义者来说,实现无产阶级和全人类的解放即实现共产主义,则是他们的全部社会活动所追求的最高价值。

3.核心价值观

核心价值观是对各种价值观集中在最一般或最高层面上的抽象和概括。价值观的类型或评价标准多种多样，可以分为多方面、多层次，这是价值的本质及其客观基础决定的。因为，价值的客观基础就是各种物质的、精神的现象所固有的属性。就客体的属性满足主体的不同需要而言，价值可以分为物质的、经济的、科学的、道德的、美学的、法律的、政治的、文化的和历史的价值，也可以分为个体、集体、社会、国家的价值。因而，也就会有不同领域、不同方面和不同层次的价值观。

就价值观本身而言，由于价值观反映人们的认知和需求状况，价值观是人们对客观世界及行为结果的评价和看法，因而其多样性也是必然的、不可避免的。但是，一个阶级、一个政党、一个国家为了一个共同的目标，往往需要统一人们的思想和意志，这就需要有共同的思想基础。于是，就需要在最一般或最高的层面上，统一人们的思想和意志。这样，就有提出和凝练核心价值观的需要。

需要认识到，核心价值观并不是简单地在价值观前面加上“核心”二字而已。核心价值观应该是一种共识。这种共识是在最一般和最高层面上形成的。是一个阶级和政党、国家在最基本问题上的共识。习近平总书记说，核心价值观承载着一个民族、一个国家的精神追求和最高境界。这就说明了核心价值观的重要性。

(二)核心价值观:承载着一个民族、一个国家的精神追求和最高境界

为什么说,核心价值观承载着一个民族、一个国家的精神追求和最高境界?

这是因为,核心价值观是对各种价值观的最一般或最高层面上的抽象和概括。这里,我们可以用中华民族的先民曾经把"厚德载物"作为核心价值观的例子来分析。

《周易》曰:"天行健,君子以自强不息;地势坤,君子以厚德载物。"两句意谓:天(即自然)的运动刚强劲健,相应于此,君子处世,应像天一样,自我力求进步,刚毅坚卓,发愤图强,永不停息;大地的气势厚实和顺,君子应增厚美德,容载万物。我们知道,《周易》是中国传统思想文化中自然哲学与人文实践的理论根源,被誉为"大道之源"。内容极其丰富,对中国几千年来的政治、经济、文化等各个领域都产生了极其深刻的影响。

古人把"厚德载物"作为核心价值观,强调一个有道德的人,应当像大地那样宽广厚实,载育万物和生长万物。所谓"厚德"即最高尚的道德。所谓"载物"之"物",不仅专指万物,首先是指一切人。"人"与"物"可以连用,称之为"人物"。厚德载物,即以深厚的德泽育人利物,也就是

说，想要载物必须有厚德。做人首先要强调厚德，不断提高自身的道德修养。

这样看来，“厚德载物”也可以说是中华民族的最高境界之一了，因为没有比天和地最高的范畴了。据说，在民国时期，梁启超在清华大学任教时，曾给当时的清华学子作了《论君子》的演讲，他在演讲中希望清华学子们都能继承中华传统美德，并引用了《周易》上的“自强不息”“厚德载物”等话语来激励清华学子。此后，清华人便把“自强不息，厚德载物”8个字写进了清华校规，后来又逐渐演变成为清华校训。而当代著名哲学家、哲学史家、国学大师，北京大学哲学系教授张岱年先生，把中华民族精神概括为“自强不息”“厚德载物”。他的阐述比较深刻，在学术界具有较大的影响。

（三）何为民族之魂？社会主义核心价值观成为中华民族之“魂”何以可能？

如前所述，把核心价值观作为最高的精神追求和最高的精神境界，这应该是人类社会发展和前进的必然要求。

何为民族之魂？民族之魂是民族赖以生存和发展的精神力量。民族之魂既是民族精神的主导和支撑，又是对民族精神的一种统摄。核心价值观正是起到了统摄精神世界的作用。因此，核心价值观就是民族之魂。

在改革开放向纵深发展的今天，社会主义核心价值观的提出，正是代表着现代中华民族之魂，是彰显中华民族之魂的重要标志。

“富强、民主、文明、和谐，自由、平等、公正、法治，爱国、敬业、诚信、友善”。从国家、社会、公民三个层面，成为统摄中华民族精神世界的国家之魂、社会之魂、公民之魂，是中华民族精神世界丰富和发展的需要，是中国改革开放向纵深发展对精神文明建设提出的新要求，是现实的需要，是发展大势的需要。归根结底，是一种客观世界的需要，也是主观世界的需要。

这也就是说，社会主义核心价值观成为中华民族之“魂”，是现实的、可能的，是正逢其时的。

从现实来看，社会主义核心价值观的提出，也具有非常明确的针对性。一个时期以来，所谓西方“普世价值”的自由、民主、人权，以其简练、好记、朗朗上口的特点，为一些人津津乐道，被他们极力兜售。他们鼓吹西方的“普世价值”高于社会主义核心价值体系，似乎只有西方“普世价值”占据了思想道德高地。更严重的是某些别有用心的人利用西方“普世价值”主张的多党制和三权分立制诋毁和攻击中国共产党和社会主义制度。对此，我们必须针锋相对地凝聚民族之魂，提出社会主义核心价值观，理直气壮地宣传社会主义核心价值观，真正占据社会主义道德高地。这是我们必然的选择。

三、行动起来：齐心协力打造“凝魂聚气、强基固本”的基础工程

（一）抢占价值体系的制高点，摈弃和抵制西方“普世价值”

鉴于民族之“魂”如此重要，确立社会主义核心价值观为民族之魂，其重大意义不言而喻。作为中国人民，作为社会主义国家，当然要把民族之魂——社会主义核心价值观摆在最重要的位置之上。这也就是习近平总书记所强调指出的齐心协力打造“凝魂聚气、强基固本”的基础工程。

事实上，打造“凝魂聚气、强基固本”的基础工程，不仅是践行社会主义核心价值观的现实需要，也是在国际上重新塑造中国形象的现实需要。长期以来，西方国家的政客和一些学者，对中国极力鼓吹和推行西方所谓的“普世价值”，认为只有西方的“普世价值”才是正宗，只有维护和践行西方的“普世价值”，才是正路。他们指责中国政府和中国人民大众，没有遵照西方国家推崇的“自由、平等、人权”的思想理念，没有实行多党制和三权分立制度，没有把军队国家化，指责中国政府背离世界文明。这些看法和观

点，其实是站不住脚的。世界文明的发展是多元的，中国的民主政治发展道路不同于西方，中国有自己的政治文化传统，形成了中国独特的政治文明。因而，不可能亦步亦趋地跟在西方国家的屁股后面。中国所具有的民主政治传统和中国改革开放以来所走的中国特色社会主义民主政治道路，足以表明中国已经站在了价值体系构建的制高点上。这既符合中国国情，也适应了时代发展的要求。中国主张用“共同的价值”来取代“普世价值”。

2015 年 9 月 28 日，习近平出席第 70 届联合国大会一般性辩论并发表重要讲话，强调和平、发展、公平、正义、民主、自由，是全人类的共同价值，也是联合国的崇高目标。这个“共同价值”代表着人类共同的利益诉求，但不是西方所谓的“普世价值”。企图用西方的“普世价值”来替代人类共同的价值，是徒劳的。这本身就是霸权主义的思维。中国古老文明的优秀文化传统和社会主义核心价值观结合在一起，不仅有别于西方的核心价值观，并丝毫不逊色于西方的价值观理念，而且具有自己独特的文化优势，具有恒久的魅力。这是因为，社会主义核心价值观绝不是建立在“资本控制一切”和“金钱政治”的基础之上，而是努力实现人民当家做主。中国走的是“党的领导、人民当家做主和依法治国有机统一”的正确之路。实践证明，这条路是成功的。这就是我们自己的价值体系的制高点，在这个制高点上，我们平视其他国家和民族的价值与价值观，绝不仰人鼻息；同时，我们尊重其他国家和民族的价值和价值观，不会去故意贬低甚至横加干涉，这也正是我们区别西方霸权主义的地方之一。

（二）基础工程：利在当代、功在千秋

“把培育和弘扬社会主义核心价值观作为凝魂聚气、强基固本的基础工程”，这一论断具有重大的战略意义，这是以习近平为总书记的党中央的重大战略决策。

自从党的十八大提出倡导建设社会主义核心价值观以来，这一做法得到了最广大人民群众的支持和拥护。人民群众的认同感是发自内心的。这是因为，“富强、民主、文明、和谐，自由、平等、公正、法治，爱国、敬业、诚信、友善”这 24 个字来自人民大众的希望和寄托，是他们的美好愿景。现在，这 24 个字已经深入各个阶层，深入人心。践行核心价值观的标准，分为国家、社会、公民三个层面，已经在中国大地上广泛开展起来，也必将持久地发展下去。

这项基础工程建设，利在当代、功在千秋。利在当代，不言自明。为什么是功在千秋呢？因为核心价值观的树立和践行，绝不是短期行为。俗话说，“十年树木，百年树人”，可以设想一下，持之以恒地把这项基础工程开展下去，随着中国到 21 世纪中叶成为中等发达国家，随着中华

民族以崭新的面貌走入22世纪,甚至在更远的历史长河里,我们的核心价值观必定会因展现更加强大的力量而熠熠生辉,中华民族会为此更加骄傲和自豪。这种历史的积淀和展望,是中华民族的希冀,也将成为历史发展的必然结果。

(三)这是国家治理现代化的迫切需要

党的十八届三中全会提出了“推进国家治理体系和治理能力现代化”的重要任务。党的十八届四中全会进一步提出,坚持依法治国、依法执政、依法行政共同推进,坚持法治国家、法治政府、法治社会一体建设,实现科学立法、严格执法、公正司法、全民守法,促进国家治理体系和治理能力现代化。这是中国共产党治国理政的全新境界。依法治国就是国家治理的法治化,是实现国家治理体系和治理能力现代化的必然要求。

这里面有两个问题:一是核心价值观的树立和践行与推进国家治理体系和治理能力现代化有什么关系?二是依法治国、依法执政、依法行政与核心价值观的树立和践行是什么关系?这两个问题认识清楚、解决得好,至关重要。前者,核心价值观作为民族之魂,在推进国家治理体系和治理能力现代化中,具有精神世界的支撑和统摄作用。后者,树立和践行核心价值观,不再是口头上的空对空，而是与法律制度建构结合在一起，用法律制度保障核心价值观的树立和践行。这两个问题都需要在实践中不断提高认识和深入探索。

（四）这项系统工程关系到“两个一百年”目标和中国梦的实现

如前所述，这项基础工程建设具有重大的战略意义。基础工程建设得如何，直接关系到“两个一百年”目标和中国梦的实现。

在中国共产党成立一百年时全面建成小康社会，这是中国梦的第一个宏伟目标；在中华人民共和国成立一百年时建成社会主义现代化国家，这是中国梦的第二个宏伟目标。“两个一百年”目标的实现，内含着核心价值观的主张和践行结果。特别是第二个宏伟目标，具体说来是建成富强、民主、文明、和谐的社会主义现代化国家。这正是核心价值观在国家层面上的主张。

如果说，实现中国梦的实践基础是中国特色社会主义道路，理论基础就是中国特色社会主义理论体系，制度基础就是中国特色社会主义制度；那么，实现中国梦的主体——中华民族的精神世界，就是社会主义核心价值观。因此，树立和践行社会主义核心价值观，这是时代的呼唤，执政党的倡导，国家、社会、民心所向！我们坚定地相信，通过践行社会主义核心价值观,中国将以崭新的面貌屹立于世界东方,中国人民也将以崭新的风姿,屹立于世界民族之林!

第一章　共识与约定

——最大公约数：核心价值观讲什么？约定什么？

2014 年 5 月 4 日青年节，习近平总书记考察了北京大学。在师生座谈会上，习近平着重谈了社会主义核心价值观。他指出，我国是一个有着 13 亿多人口、56 个民族的大国，确立反映全国各族人民共同认同的价值观“最大公约数”，使全体人民同心同德、团结奋进，关乎国家前途命运，关乎人民幸福安康。

什么是最大公约数？最大公约数，也称最大公因数、最大公因子，指两个或多个整数共有约数中最大的一个。为什么说社会主义核心价值观是最大公约数？说白了，就是集体认同，形成共识，同时，集体约定，共同遵守，共同践行。

那么，共识什么？约定什么？遵守什么？践行什么？我们的回答是：共识的是社会主义核心价值观，约定的也是社会主义核心价值观，遵守的只能是社会主义核心价值观，践行的还是社会主义核心价值观！

一、什么是社会主义核心价值观？

什么是社会主义核心价值观？换言之，社会主义核心价值观的科学内涵是什么？仅仅从24个字的字面上去认识和理解，是远远不够的。让我们从现实出发，讲一两个体现社会主义核心价值观的故事吧。

（一）雷锋精神不死——话说当代雷锋郭明义

现在的老一代人（上世纪50年代之前出生）都知道雷锋和他的事迹，但是年轻人，特别是今天的80后、90后，许多人都不知道雷锋，或许只是偶尔听说过。

雷锋原名雷正兴，1940年出生，湖南人，1960年参加中国人民解放军，同年11月加入中国共产党。在军营里，他是好战士、好班长。他热爱集体，品德高尚，军事技术过硬。无论在部队还是在地方，他都勤勤恳恳、克己奉公、助人为乐，为集体、为人民做了大量的好事，曾荣立二等功一次、三等功两次。1962年8月15日，雷锋因公殉职。由于雷锋的思想境界高，他所做的好人好事影响极为深远，受到了人民群众的爱戴，所以“雷锋”二字已在中国成了“好人好事”的代名词。毛泽东于1963年3月5日亲笔题词“向雷锋同志学习”，此后3月5日定为学雷锋纪念日，在中国大地上掀起了学习雷锋的热潮，雷锋成为毛泽东时代广大人民群众的楷模，雷锋精神成为时代精神的标记。后来经历“文化大革命”直到改革开放的新时期开始，曾有一时期人们评论社会道德滑坡，说“雷锋精神已死，再也没有雷锋了”。

事实不是这样。雷锋精神没有死，雷锋精神永存。雷锋精神影响了几代人，千万个雷锋在成长。“当代雷锋”郭明义的故事能够说明这一切。

据报道，在2006年底的一段时间里，每天下班后，在鞍钢齐大山铁矿的职工浴池里，大家总会看到郭明义在义务为工友们搓澡，最多时一天要搓20多人。郭明义搓澡，有一个目的，就是借搓澡的机会，向工友们宣传捐献造血干细胞的知识和重要意义。

原来，在2006年12月初，郭明义听说一位工友13岁的女儿患上了白血病。随后，他又了解到采矿车间一名职工15岁的儿子患上重度再生障碍性贫血症。郭明义萌发了一个想法：能不能在矿里组织造血干细胞捐献活动？郭明义立刻写了一篇倡议书，到全矿机关科室和70多个基层班组朗读倡议书，呼吁大家积极投入到捐献造血干细胞的活动中来。为了增强效果，郭明义又利用搓澡的机会进行宣传。在郭明义的真情感染下，2006年12月26日，共有400多名矿业职工参加了他组织的首次造血干细胞样本采集活动。

这是一个真实的故事，虽然事情不大，但从这件事上可以看到郭明义的思想境界。

郭明义，1958 年 12 月生，1977 年 1 月参军，1980 年 6 月加入中国共产党，曾被部队评为“学雷锋标兵”。1982 年 1 月，他复员到鞍钢集团矿业公司齐大山铁矿工作，先后担任矿用大型生产汽车驾驶员、车间团支部书记、矿党委宣传部干事、车间统计员兼人事员、矿扩建工程办公室英文翻译等工作。1996 年至今，他任齐大山铁矿生产技术室采场公路管理员。

入党 30 多年来，郭明义时时处处发挥先锋模范作用，在每个工作岗位上都取得了突出的业绩。从 1996 年开始担任采场公路管理员以来，他每天都提前 2 个小时上班，15 年中，累计献工 15000 多小时，相当于多干了 5 年的工作量。1990 年以来，他坚持无偿献血，累计献血 6 万毫升，相当于自身总血量的 10 倍。1994 年以来，他为“希望工程”、身边工友和灾区群众捐款 10 多万元，先后资助了 180 多名特困生，而自己的家中却一贫如洗。一家 3 口人至今还住在鞍山市千山区齐大山镇上一个 80 年代中期所建的、不到 40 平方米的单间里。后来分到房子，他又让给了别人。2006 年以来，他 8 次发起捐献造血干细胞的倡议，有 1700 多名矿业职工参与。2007 年以来，他 7 次发起无偿献血的倡议,共有600多名矿业职工参与,累计献血15万毫升。2008年以来,他发起的希望工程捐资助学活动,已有2800多名矿业职工参与,资助特困生1000多名,捐款近40万元。2009年以来,他发起成立的遗体(器官)捐献志愿者俱乐部,已有200多名矿业职工和社会人士参与,是目前国内参与人数最多的遗体(器官)捐献志愿者俱乐部。

郭明义先后荣获了矿业公司先进生产者、模范共产党员、鞍钢先进生产者、精神文明建设标兵、优秀共产党员、鞍钢劳动模范、鞍山市优秀义工、道德模范、无偿献血形象代言人、特等劳动模范、辽宁省道德模范提名奖、希望工程突出贡献奖、全国无偿献血奉献奖金奖、全国红十字志愿者之星、中央企业优秀共产党员等荣誉称号。

郭明义同志的先进事迹平凡中见伟大,平凡中见精神,感人至深,催人奋进,不愧为当代共产党员学习的楷模。中共中央组织部号召全国各条战线的共产党员都要向郭明义同志学习。学习他牢记宗旨、坚定信念的政治品质,学习他恪尽职守、争创一流的敬业精神,学习他克己奉公、奉献社会的高尚情怀,学习他扶危济困、团结互助的优良品德。要像郭明义同志那样,忠诚于党和人民的事业,把坚定理想信念和在本职岗位上创先争优结合起来,把爱党爱国之情转化为报效祖国、服务人民的实际行动,自力

图为郭明义走访江苏省如皋市“爱心邮路”的邮递员们帮扶的孤寡老人

更生、艰苦创业，履职尽责、苦干实干，以饱满的工作热情、奋发有为的精神和勤奋扎实的工作，努力在平凡的岗位上，争创先进、争当优秀，创造无愧于时代、无愧于人民的业绩，展现新时期共产党员的政治本色和精神风貌。

郭明义不愧是当代雷锋，他也像当年的雷锋一样，受到了广大人民群众的爱戴。郭明义的微博从 2011 年 3 月开通至今，粉丝已超过 2000 多万，产生了巨大的传播效应。郭明义的微博，实际上就是社会主义核心价值观在微博上的培育和弘扬，影响深远。

（二）当代中国人的精神追求和向往，感动中国的代表性故事

事实上，在当代中国波澜壮阔的改革开放中，那些感动中国的代表性故事和事例，无所不在，数不胜数。

2002年10月中央电视台首次启动“感动中国2002年年度人物”评选活动。这也是国内媒体第一次以“感动中国”为主题评选年度人物。2003年3月中宣部新闻局对“感动中国”评选活动及颁奖晚会给予了高度评价，并要求把“感动中国”作为一个品牌持续地坚持下去。2003年3月《感动中国2002年度人物》一书出版发行，2003年7月3日三峡百万移民获得的“感动中国”奖杯和证书入三峡博物馆永久收藏。此后直到今天每一年都要选出“感动中国”年度代表人物。

朱敏才曾是一名外交官，妻子孙丽娜曾是一名高级教师。10年前，退休的朱敏才、孙丽娜并没有选择北京的安逸生活，而是来到贵州偏远山区义务支教。他们将义务支教看作为新生活的支点，也是圆了自己未圆的梦。1965年从贵州大学英语系毕业时，朱敏才填写的志愿是到贵州山区当一名英语老师，而国家的统一分配让他成了一名外交官。本来是小学教师的孙丽娜，因为跟随丈夫常驻外国使馆而不得不放弃心爱的工作，她总觉得当老师还没当够。

把光鲜靓丽的西装和礼服留在北京，背上简单的行囊，他们来到了偏僻的尖山苗寨。寨里有 200 多个孩子，在他们之前，这里只有一名代课老师。

尽管做好了吃苦的准备，但条件之艰苦还是超出了他们的预料。他们的卧室跟男厕所共用一面墙，夏天臭气熏天，孙丽娜晚上要戴着两层口罩才能睡觉。高原强烈的紫外线照射，让孙丽娜的右眼全部失明，左眼视力只剩下 0.03。朱敏才患有高血糖、高血脂、呼吸暂停综合征等危险疾病，山区湿冷的气候又让他得上了风湿病。这里缺医少药，朱敏才干脆硬扛着。为省下钱购买教学器材和孩子的学习用品，那条大窟窿连着小窟窿的秋裤，他们都不舍得扔，缝缝补补接着穿。

这些年，夫妇俩走了上万公里，支教了 5 所乡村小学，不仅为学校新开设了外语、音乐、体育、美术等课程，还募集善款 350 多万元，为孩子们建了电脑教室和学生食堂。偏远的山寨因为他们的出现升起了希望，他们也因为孩子们的面貌一新而感到莫大满足，“整个寨子都飘着他们朗读的读书声，那声音太美了”。

2014 年 9 月，在支教的第 9 年，扎根贵州山区的朱敏才第一次回到北京，他和孙丽娜一起，接受“最美乡村教师”的颁奖。谈起未来的打算，年逾古稀的他表示：“只要还能动，就在那里教下去。”但让孙丽娜没有想到的是，仅仅一个月之后，丈夫就因突发脑溢血被送进了遵义县人民医院。突然见不到朝夕相处的朱老师了，孩子们总是问："朱老师什么时候回来呀？朱老师您快点好起来吧！"

穿一件充满生机的绿色上装，孙丽娜独自来到"感动中国"的舞台，含泪接过属于他们夫妇俩的荣誉。她带来了丈夫的近况："他右半边还没有知觉，但神智开始清醒，可以连着说两三个字了。"回到孩子们中间，是朱敏才最大的心愿。

在"感动中国2014年度人物"评选中，最美乡村教师朱敏才、孙丽娜入选。颁奖词是："他们走过半个地球，最后在小山村驻足，他们要开一扇窗，让孩子发现新的世界。发愤忘食，乐以忘忧。夕阳最美，晚照情浓。信念比生命还重要的一代，请接受我们的敬礼！"

朱敏才、孙丽娜正是当今中国践行社会主义核心价值观的优秀代表，值得大家学习。

（三）共识核心价值观的基本内容

社会主义核心价值观一共24个字，12组词：富强、民主、文明、和谐，自由、平等、公正、法治，爱国、敬业、诚信、友善。从本质上说，这就是新时期的民族精神和时代精神。

新时期的民族精神，就是中华民族的精神操守和价值追求;同时这一民族精神又有鲜明的时代气息,彰显了时代精神,体现了民族精神和时代精神的有机结合和统一。对此,习近平总书记指出,每个时代都有每个时代的精神,每个时代都有每个时代的价值观念。一个民族、一个国家的核心价值观必须同这个民族、这个国家的历史文化相契合,同这个民族、这个国家的人民正在进行的奋斗相结合,同这个民族、这个国家需要解决的时代问题相适应。在当代中国,我们的民族、我们的国家应该坚守什么样的核心价值观?经过反复征求意见,综合各方面认识,我们提出要倡导富强、民主、文明、和谐,倡导自由、平等、公正、法治,倡导爱国、敬业、诚信、友善,积极培育和践行社会主义核心价值观。习近平还指出,富强、民主、文明、和谐是国家层面的价值要求,自由、平等、公正、法治是社会层面的价值要求,爱国、敬业、诚信、友善是公民层面的价值要求。这个概括,实际上回答了我们要建设什么样的国家、建设什么样的社会、培育什么样的公民的重大问题。

我们从习近平总书记的上述讲话中,可以明确知道社会主义核心价值观的基本内容,可以进一步理解和把握新时期的民族精神和时代精神。对此,我们必须牢记并且脚踏实地去践行。

(四)不破不立:三个倡导、三个层面是“三面镜子”

我们在导论中已经说过,社会主义核心价值观的提出，是“推进国家治理体系和治理能力现代化”的需要，关系到“两个一百年”目标和中国梦的实现。不破不立，提出社会主义核心价值观这个“最大公约数”，是在原有社会主义核心价值体系的基础上，在与众多价值观范畴的反复比较和严格论证中，精心筛选和抽象出来的。这是一个继承和扬弃的过程，是通向并实现科学真理的过程。

事实上，中国共产党作为执政党，提出的三个倡导，即在三个层面（国家、社会、公民）上提出倡导和主张，不仅表明了执政党的决心，也是中国共产党代表先进文化的前进方向的具体体现。这三个倡导，完全符合中国共产党的纲领。这三个倡导，有如三面镜子。现实生活中，国家、社会和公民，都离不开镜子，都要照镜子。在三面镜子前，中国共产党人和广大人民群众，每天都要照镜子，要认真对照、反省自己是否遵循了核心价值观。

从国家层面看这面镜子，就是要时刻对比和反思，我们的国家是否正朝着社会主义现代化的方向前进，能否真正实现“两个一百年”目标，成为富强、民主、文明、和谐的社会主义现代化强国。此后，还要向新的目标继续前进。

从社会层面看这面镜了，就是要对现实社会作出分析和考量，看看我们的社会距离自由、平等、公正、法治还有没有距离，如何不断缩短这一距离，达到和实现社会主义条件下的自由、平等、公正、法治。

从公民层面看这面镜子，就是要不断提高公民的整体思想素质，看看中华民族的精神状态是什么，是否真正达到了爱国、敬业、诚信、友善，并能够在实际行动中充分表现出来。

这三面镜子要经常照，反复照，时照时新，而且越照越有信心和动力。照镜子的过程，是思想自我更新不断升华的过程。同时，在照镜子的过程中，还要经常擦拭这三面镜子，使镜子更明亮、更清晰，从而达到和试镜者融合在一起，实现主体和客体相统一的最高境界。

（五）共识、约定、践诺、实现

对于社会主义核心价值观最大公约数的认同，已经形成了共识，也就成为一种共同的约定。既然成为了共同的约定，就要共同遵守，也就是要践诺和践行，最终要实现社会主义核心价值观的主张、要求和目标。

我们应该认识到，对社会主义核心价值观的认同、约定、践诺、实现，即从认同到约定到践诺再到实现，是一个从理论到实践、循环往复的过程。在这个过程中，认同和约定具有理论的性质，而践诺和实现具有实践的性质。我们也都知道，理论指导实践，同时它又来源于实践。也就是说，理论是在实践中产生的，还要回到实践中检验并得到实践所赋予的新内容。这样看来，实践是最基础、最根本的，关键在于怎样去做，怎样实现社会主义核心价值观。

这也就是说，认识从实践始，经过实践得到了理论的认识，还需再回到实践中去。认识的能动作用，表现于从感性认识到理性认识的飞跃，更重要的是表现于从理论到实践的飞跃。因此，对于社会主义核心价值观，关键还在于去践行、去实践，在实践中加深对核心价值观的理解和把握，在实践中不断赋予新的认识和升华已有的认识。人类认识的历史告诉我们，许多理论的真理性是不完全的，实践的检验纠正了它们的不完全性。所谓实践是真理的标准，所谓"生活、实践的观点，应该是认识论首先的和基本的观点"，理由就在这个地方。

二、国家、社会、公民三个层面

那么，在社会主义核心价值观中，国家、社会、公民各自的内涵及其相互的关系是什么样的呢？

（一）国家层面：展现立足于世界民族之林的形象

首先，我们分析国家层面的富强、民主、文明、和谐。这是在展现一个国家立足于世界民族之林的形象，是国家的"名片"。

根据历史唯物主义的基本原理，经济基础决定上层建筑，那么，一个国家的经济基础是最首要的，关系到国家是否兴旺和发达，没有经济的繁荣和发展，一切都无从谈起。因此，把富强摆在核心价值观国家层面的第一位，是正确的选择，是有道理的。所谓“发展是硬道理”，就是这个意思。而中国共产党的指导思想之一——科学发展观，也把发展作为第一要务，即是此意。

改革开放 30 多年来，中国综合国力迅速增强，经济、科技实力显著提升。以高铁、航天为代表的高科技产业跻身世界前列。图为高铁列车驶过烟雨蒙蒙的黄山脚下

但是，不是所有经济上富强的国家，就一定是民主国

家。也不是所有自称是民主国家，就一定是真的民主国家。我们所主张和强调的民主，是社会主义民主，简单地说，就是让人民来当家作主人，即人民才是国家的主人，这是真正的民主。当下的中国，可能离实现这一真正的民主，还有一定距离，但是我们正朝着这一目标不懈努力。这与西方国家的上层建筑由金融寡头来控制与其主张的假民主，具有本质的不同。在波澜壮阔的改革开放实践中，中国共产党作为国家的执政党，领导中国人民已经成功地走出了一条民主政治道路——中国特色社会主义民主政治道路。这就是党的领导、人民当家做主、依法治国的有机统一。我们还将在这一道路上继续向前探索，向着更高的目标前进。

文明中国，从来就是中国的历史写照。古老的中国文明，已经向世人证明了这一切。但是，中国古代辉煌的文明，不等于也不能代替今天的中国。今天的中国文明，当然要有现代文明的内涵和外延，具有浓厚的时代气息。改革开放以来，邓小平曾多次阐述物质文明和精神文明两手抓，两手都要硬。此后党中央先后提出建设政治文明、生态文明，更加丰富了中国文明的内涵和外延。随着党的十八大报告提出建设中国特色社会主义的总体布局，即经济建设、政治建设、文化建设、社会建设、生态建设，我们对现代中国文明的理解和追求更加具体，目标更加清晰。

和谐社会，是国家和谐的代名词。和谐社会是人类孜孜以求的一种美好社会，是马克思主义政党不懈追求的一种社会理想。社会主义和谐社会，是中国共产党提出的一种社会发展战略目标，指的是一种和睦、融洽并且各阶层齐心协力的社会状态。这是一个国家经济社会繁荣发展的最佳状态。2004年9月19日，中国共产党第十六届中央委员会第四次全体会议上正式提出了“构建社会主义和谐社会”的概念。“和谐”是中国特色社会主义的本质属性。“和谐”的理念已成为建设“中国特色的社会主义”过程中的价值取向。“民主法治、公平正义、诚信友爱、充满活力、安定有序、人与自然和谐相处”是和谐社会的主要内容和具体体现。因此，从国家的层面来说，和谐作为核心价值观是必不可少的，具有重大的现实意义。

（二）社会层面：彰显社会文明的层次和本质属性

其次，我们分析社会层面的自由、平等、公正、法治。它们是彰显社会文明层次和本质属性的价值观。

自由是人类自古以来的价值追求，实现人的自由全面发展，是马克思主义的最高价值追求，马克思主义政党当然要追求自由。马克思和恩格斯在《共产党宣言》中也从不避讳对自由的追求，即无产阶级挣脱锁链的自由。中国共产党成立之初，就提出要争取民族独立、人民解放。毛泽东也曾提出，抗战胜利后，共产党的主要任务，是建立一个自由平等的民主国家。自由有其历史性、阶级性、相对性。人的自由与发展的程度取决于现实生产力的发展水平，自由是人的发展方向，但是人的自由离不开社会的进步和解放。个人的自由与社会的解放是统一的。我们倡导自由，使人们获得了全面发展的机会，而每个人的全面发展又必将促进全社会的共同发展，由此推动着中国特色社会主义事业向前发展。

平等是每个人的生存权利、每个人生活状态的保障，是一种制度上的追求。人类自私有制出现以来，由于资本的自然属性和资本家对利润最大化的追求，产生了人剥削人、人压迫人的社会不平等现象。一些空想社会主义者早就批评这种社会不平等，他们对未来社会平等充满憧憬并从理论上进行论证。但是他们没有真正找到解决社会不平等的钥匙。马克思和恩格斯的科学社会主义，从理论、制度、实践形态上彻底解决了这个问题。社会主义的本质属性要求平等，就是指人的地位平等，无论从事任何行业，都是为人民服务，都是社会的主人，只有分工不同，没有地位高低。同时，社会平等体现在对每个社会成员的机会公平、规则公平、权利公平。

公正是社会主义制度的本质属性，是中国特色社会主义的内在要求。公正之所谓“公”是指公共事务、公共利益；所谓“正”，是指正确、正当、合理。因此，“公正”就是指关于公共利益的正当安排，也就是社会公平和正义。公平是以人的解放、人的自由平等权利的获得为前提的，是社会应然的根本价值理念。它要求政治、法律上的公平公正。中国共产党作为执政党，提出“立党为公，执政为民”，就是秉承了公正理念，即要求政治、法律上的公平公正，任何阶级和集团都不能享有特权。此外，社会主义的优越性不只体现在政治和法律的公平正义上，还体现在对社会发展成果的分配上。现阶段，以公平正义为准则，实现全体社会成员公正共享式的发展，是建设中国特色社会主义的主要任务。因此，公正作为社会层面的核心价值观，既具有重大理论价值，又具有重要现实意义。

法治是人类社会历史实践证明最为有效的社会治理模式。中国共产党强调依法治国，是在总结中国革命、建设、改革正反两方面的历史经验中做出的正确抉择。从国家层面来看，依法治国是治国理政的最佳方式；从社会层面来看，它是社会治理的最佳方式；从公民层面来看，它是公民个人行为的基本准则。法治是践行社会主义核心价值观的有力保障。法治通过依法执政、依法行政、依法执法、依法司法来不断提高政府的服务水平，使人民对司法充分信任、人与人之间团结互助。只有在法治的秩序中，人们才能建立起对法律的信仰和信心，并信守之。只有法治才可以消除社会的发展过程中存在着的某些不公现象，为平等、公正、民主、自由的社会主义核心价值观提供制度保障，为富强、民主、文明、和谐的中国梦提供智力支持。将法治作为核心价值观，是党和国家厉行法治的郑重承诺，是增进全体公民崇尚法治、信守法治的有力措施，也是促进社会和谐、维护国家长治久安的重要保证。

（三）公民层面：显示民众的精神风范和思想素质

再次，我们分析公民层面的爱国、敬业、诚信、友善。它们显示着民众的精神风范和思想素质。

爱国是民众应有的道德情操，“国家兴亡，匹夫有责”，古往今来，无不如此。爱国是中华民族的优良传统，是民族精神的核心内容。今天，爱国作为社会主义核心价值观，有其丰富的思想内涵。在当代中国，爱国最根本的就是要热爱中国共产党，热爱人民，热爱社会主义制度。爱国、爱党、爱人民、爱社会主义是有机统一、不可分割的整体。爱国从来就是动员和鼓舞各族人民团结奋斗的一面旗帜，是各族人民共同的精神支柱。爱国就要心系民族命运、心系祖国发展、心系人民福祉。在当代中国，爱国主义是爱国、爱党、爱社会主义的有机统一，是社会主义核心价值观与中国特色社会主义道路的有机统一，是民族精神与时代精神的有机统一。这是当代爱国主义精神最本质、最重要的表现。爱国主义是一个历史的范畴，在社会发展的不同时期、不同阶段，有着不同的时代内容。爱国从来就不是抽象的，我们所讲的爱国主义，作为一种体现人民群众对自己祖国深厚感情的崇高精神，是同促进历史发展密切联系在一起的，是同维护国家独立和广大人民的根本利益密切联系在一起的。

敬业是中华民族的传统美德。但凡事业上有所成就者，都离不开两条：一是有强烈的事业心和责任感，二是锲而不舍的勤奋和努力。这两条的有机结合，即为敬业。孔子主张人在一生中始终要勤奋、刻苦，为事业尽心尽力。孟子说："故天将降大任于斯人也，必先苦其心智，劳其筋骨，饿其体肤，空乏其身，行拂乱其所为，所以动心忍性，曾益其所不能。"意思是，干一番事业，必定要呕心沥血，意志坚强，甘于吃苦，勇于奉献，才能有所成就。今天，我们把敬业作为社会主义核心价值观，首先要敬中国特色社会主义建设事业，坚定中国特色社会主义的理想信念，为中国特色社会主义建设事业奉献自己的全部智慧和力量。热爱自己的本职工作，在工作中勤勤恳恳、任劳任怨，努力成为真正的行家里手。"三百六十行，行行出状元"，在自己的本职工作中，做出突出的贡献。在实践中，要培养敬业精神。敬业精神是优秀员工的职业基准，是企业基业常青的灵魂；是员工实现个人价值的基础，是获得最佳绩效的有力保障；是员工的天职，也是荣誉的象征，更是每个职场人士成长和成功的根本。

诚信的基本含义是以真诚之心，行信义之事。“诚”与“信”作为伦理规范和道德标准，在起初是分开使用的。孟子说：“诚者，天之道也。诚之者，人之道也。”《中庸》中也说：“诚者天之道，诚之者人之道。”信的基本含义是指遵守承诺，言行一致，真实可信。诚实无欺，讲求信用。千百年来，诚信被中华民族视为自身的行为规范和道德修养，在基本字义的基础上形成了其独具特色并具有丰富内涵的诚信观。今天，诚信作为社会主义核心价值观，其诚信的“诚”字，还有忠诚之意，即作为共产党员要忠诚于党的事业，作为普通公民，要忠诚于中国特色社会主义建设事业。具体说来，无论从事任何行业，都要忠诚于自己的职业操守和道德准则。现在，“信用”二字具有沉甸甸的道德力量。特别是在市场经济条件下，道德的力量凸显，失去了信用就失去了生存之地。从公民个人的社会关系和人际关系来看，诚信在现代社会越来越占有重要的地位。倘若缺少诚信甚至失去诚信，就会困难重重，寸步难行。因而，诚信作为社会主义核心价值观，具有非常重要的现实意义。

友善是中华民族的传统美德。古人云：“择良友而友之”，“择其善者而从之”。友善作为社会主义核心价值观，在国家、社会、公民三个层面中，处于最基础的地位，也发挥着最为基础的作用。形象地说，“友善”像空气一样，无处不在，无所不在；也像水一样，透明、无味。人们在任何时候都离不开空气和水。因而，人们的社会生活离不开“友善”。“友善”在社会生活中，是真实存在的。当“友善”成为社会的主旋律和最强音，当“友善”像春风一样扑面而来，当“友善”遍及社会的各个角落和方方面面，那么，人们一定会看到社会生活充满了欢乐与微笑、互助与关爱、和谐与幸福，整个社会也会呈现出盎然生机。反之，如果“友善”与社会生活不沾边甚至离得很遥远，社会充满了邪恶和伪善，那么，整个社会一定会呈现出日落西山、气息奄奄、死气沉沉的局面。要使“友善”成为彰显“正能量”的社会风气，光靠教育和宣传是不够的，只靠人的觉悟和品行，也是远远不够的，重要的是要用制度支持，用法律保障。我们要努力探索出在社会主义市场经济条件下践行“友善”的途径。

（四）“三个倡导”有机统一，“三个层面”有机统一

社会主义核心价值观包含的三个层面，分别为中国共产党在国家、社会、公民三个方面的倡导。“三个倡导”分别是：国家层面的倡导，体现了国家的意志和追求，旨在塑造国家立于世界民族之林的形象；社会层面的倡导，体现

社会价值取向的选择、对社会现实和发展的规范性要求，旨在增进社会文明的程度，使之繁荣、向上、有序；公民层面的倡导，是引领和规范公民道德自律和道德约束，旨在提高全民的整体素质。“三个倡导”所主张的核心价值观，是一个整体，体现了中国共产党作为执政党的意志和追求，符合党的纲领和宗旨，符合社会主义的本质要求，符合马克思主义基本原理。

“三个层面”的核心价值观，是“三个倡导”的具体要求。三个层面的核心价值观，上下衔接，相辅相成，密切联系，成为有机联系、内在统一的整体，因而成为“三个层面”的统一。“富强、民主、文明、和谐”是中国特色社会主义的基本价值追求，它体现的是国家经济建设、政治建设、文化建设、社会建设和生态建设的内在发展要求。“自由、平等、公平、法治”是中国特色社会主义的基本社会属性，它体现的是我国作为中国特色社会主义社会的总体价值趋向和整体目标要求。“爱国、敬业、诚信、友善”体现的是社会主义国家全体公民的基本价值追求和道德准则要求。三个层面的核心价值观相互联系、相互贯通，集中体现了国家、集体和个人在价值目标上的统一，体现了国家目标、社会导向和个人行为准则的统一。

“三个倡导”的统一和“三个层面”的统一，表明了社会主义核心价值观的完整性和统一性。因此，不能错误地割裂国家、社会、公民的价值观，使之各自孤立而缺少完整的理解和把握，特别是在践行核心价值观的过程中，要密切联系、相互照应。不能把社会和国家割裂开来，也不能把个人和社会对立起来。“三个层面”有各自独立的价值准则，但是这些独立的价值准则又同属于社会主义核心价值观，仅有层次之分，没有不可逾越的边界。三个层面的核心价值观是相互贯通的，在一定的条件下，每一层面的价值观也适用于其他层面并具有特殊的含义。也就是说，不能把三个层面绝对化、形而上学化。

三、核心价值观的性质、功能、品格、特征

怎样理解和把握社会主义核心价值观的性质、功能、品格、特征？

（一）核心价值观姓社不姓资，姓中不姓西

我们的核心价值观，是社会主义的核心价值观，而不是资本主义的核心价值观。也就是说，核心价值观姓社不姓资。这是首先要分清楚的。

核心价值观属于意识形态，属于上层建筑，它具有鲜明的阶级性和实践性。经济基础决定上层建筑。以公有制为主体、多种所有制经济共同发展为主要内容的社会主

义基本经济制度,与以私有制为基础的资本主义经济制度的根本区别在于,前者主张生产资料公有,创造出物质财富,为广大人民群众谋福祉,强调共同富裕;后者主张生产资料私有,强调物质财富主要为一小部分资本家阶级服务。在这两种不同的经济基础上建立起来的上层建筑和意识形态,特别是核心价值观,显然不会相同。中国现在处于社会主义初级阶段,中国共产党主张“两个毫不动摇”,主张必须坚持毫不动摇地巩固和发展公有制经济,毫不动摇地鼓励、支持、引导非公有制经济发展。此举意在充分认识基本国情,最大限度地调动人民大众的积极性,取得人民群众的理解和赞同,推动经济可持续发展。正是在这一基础上,形成了最大公约数,树立社会主义核心价值观。在实践中,我们坚持走中国特色社会主义道路,而不是走资本主义道路。所有这些,都与西方资本主义世界的核心价值观具有根本的不同。

我们的核心价值观,姓中不姓西,是中国特色社会主义意识形态建设的产物,是中华民族现时代的核心价值观,不是西方其他国家和民族的价值观,这也是要分清楚的。

社会主义核心价值观,是在中国独特的文化传统,独特的历史命运,独特的基本国情的基础上构建起来的,绝不是照抄和照搬西方资本主义世界的主流价值观。从这个意义上说，我们的核心价值观，姓中不姓西。它们属于中国，属于中国人民，具有中国特色，不同于西方，更不是对西方“普世价值”的拷贝和翻版。一个时期以来，有些人总是把西方的价值观当作“普世价值”，认为它可以凌驾于中华民族的价值观之上，甚至可以代替中华民族的核心价值观，认为中国人只要跟在西方人的屁股后面走就对了。甚至说，不跟着他们走就是违背历史潮流、顺之者昌逆之者亡云云，这种认识是完全错误的。中国和西方是有一些共同的价值观，可以相互借鉴与交流，但是用西方国家的核心价值观来取代中国的核心价值观，是不可取的，也是不能接受的。中国有中国人民自己的道路，有自己的文化传统，有不同于西方国家的国情，为什么一定要跟在西方国家的屁股后面走？从另一个角度说，世界的文明发展是多元的，也是多彩的。东方文明从历史上看，对世界文明发展做出了独特的贡献，是不可或缺的。因而，把西方文明捧得过高，说成是“普世价值”，是不符合世界历史发展事实的。当然，如果是搞文化的霸权主义，那我们更是要反对，要警惕文化霸权主义在中国的渗透。

（二）核心价值观整合与凝聚一般价值，传承传统文化精华

我们的核心价值观，是对一般价值的整合与凝聚，在

此基础上形成的核心价值。如前所述，我们的核心价值观所形成的最大公约数，是整合与凝聚的结果。在现实社会中，体现民族精神和时代精神的价值，在不同领域和不同人群中，会有不同的彰显和表现，呈现出多样性的特征和形式。这些多样的价值，有的具有中国特色社会主义的本质属性，有的只是属于中国特色社会主义表征的一般范畴。因此，整合与凝聚多样的一般价值，不仅具有重要的理论价值，更具有重要的实践价值，其必要性及现实意义是显见的。从认识论的视角看，对一般价值的整合与凝聚，具有绝对性和相对性。构建社会主义核心价值观，必须对多样的价值进行筛选、整合、抽象、集中，最后整合与凝聚为核心价值。这是必须做的工作，也是构建核心价值观的必然结果，因而具有绝对性。与此同时，这种整合与凝聚是根据时代和国家、社会、公民的现实发展的要求进行的，处在一种动态的过程之中。随着时代和国家、社会、公民未来发展的变化，这种整合与凝聚还需要继续下去，还会根据新的要求，整合与凝聚出符合未来发展要求的新的核心价值。这就是整合与凝聚的相对性。

我们的核心价值观，是社会主义的核心价值观，它姓社不姓资、姓中不姓西，这都是从本质上对核心价值观的表述和判断。这就是核心价值观的“品格”。社会主义核心价值观的品格，从姓中不姓西的意义上来讲，它们是对中华民族优秀传统文化的继承和发展，传承着传统文化的精华。这一品格的彰显，具有核心价值观独特的魅力。

（三）核心价值观是党性和人民性的统一

我们的核心价值观最大的特点之一，是体现了党性和人民性的统一。核心价值观是作为执政党的中国共产党倡导的，是党和国家的意志；同时，我们也可以说，社会主义核心价值观也代表了人民的意志。最大公约数，当然代表了人民的意志。

马克思主义的历史唯物论和无产阶级政党建设理论告诉我们："党性和人民性从来都是一致的、统一的。"对此，习近平总书记曾在讲话中重申了坚持党性和人民性相统一的原则。应该说，社会主义核心价值观的建构，体现了党性和人民性的统一。这对于证明党性和人民性的统一，具有很强的说服力。

在现实生活中，有人错误地将党性和人民性割裂甚至对立起来。例如，有人问："你是替党讲话，还是替老百姓讲话？""你是站在党的一边，还是站在群众一边？"又如，有人说人民群众人数超过党员，所以人民性大于党性。这些似是而非的说法，把党性和人民性割裂开来、对立起来，在理论上是错误的，在实践上也是有害的。

马克思主义认为，无产阶级政党是全心全意为人民服务的，代表着最广大人民的根本利益。党除了人民的利益，没有自己的利益。因而，党性和人民性是统一的。从本质上看，坚持党性就是坚持人民性；反之，坚持人民性就是坚持党性。在一定条件下，党性代表人民性；人民性也代表党性。党性寓于人民性之中，没有脱离人民性的党性，也没有脱离党性的人民性。这些，既是当代唯物辩证法，也是中国共产党作为执政党和人民的关系的现实性表述。党性和人民性都是整体性的政治概念，党性是从全党而言的，人民性是从全体人民而言的，我们既不能简单地从某一级党组织、某一部分党员、某一个党员来理解党性，也不能简单地从某一个阶层、某一部分群众、某一个具体的人来理解人民性。只有站在全党的立场上、站在全体人民的立场上，才能真正把握好党性和人民性，才能真正理解和把握党性和人民性的统一。

（四）核心价值观是阶级性和实践性的统一

我们的核心价值观另一个最大的特点，是体现了阶级性和实践性的统一。

社会主义核心价值观，毋庸置疑是有阶级性的。社会主义和马克思主义政党从来不会隐藏自己的意识形态反映着工人阶级利益，具有鲜明的阶级性一事，而是始终公开主张和强调最终的目标是"消灭私有制"，"同传统的私有制进行彻底的决裂”,实现共同富裕,最终实现共产主义。我们也可以说,社会主义核心价值观是中国共产党和最广大人民群众的价值追求,也是本质上的工人阶级的利益诉求,这是社会主义初级阶段上的利益诉求,体现了中国共产党的最低纲领。同时,它们也是为中国共产党的最高纲领的实现做准备、打基础,最后朝着实现共产主义的远大目标而前进。

社会主义核心价值观,不仅是理论上的阐发,具有阶级性;同时,更为重要的,是它们的实践性。马克思主义执政党历来主张实践是第一位的,理论来源于实践,同时又指导实践、服务于实践。这种理论来源于实践、依赖于实践、指导实践、服务于实践,体现着阶级性和实践性的统一。我们知道,马克思主义认为哲学的任务不只是解释世界,更重要的是改造世界;同样,核心价值观也不仅是提出价值目标追求,更重要的是强调践行,用实践的结果证明一切。如果我们把社会主义核心价值观看作是自己的思想武器,那么,践行社会主义核心价值观,用实际行动来贯彻和落实它们,也就成为改造世界、改造国家、改造社会、改造公民自身的现实物质武器,从而进一步体现着理论和实践的统一、阶级性和实践性的统一。应该这样说:社会主义核心价值观始终在实践中,始终在路上,只有进行时。我们必须加深对社会主义核心价值观实践性的认识和理解。

核心价值观渗透在国家、社会、民众的各个方面，无所不在，无时不有。我们的核心价值观，无论从理论还是实践上，在整个中国必须是呈现全覆盖的状态。

首先，不能将其束之高阁。核心价值观只有少数人知道，或藏于密室，或只当作招牌，都是对最大公约数的嘲讽和亵渎。社会主义核心价值观必须体现在实践中，体现在实际行动中。要用实践的结果来检验核心价值观的贯彻和落实，对此只能来“实”的，不能来“虚”的。最后要用事实来说话，来证明。

其次，核心价值观渗透在国家、社会、民众的各个方面，无所不在，无时不有。习近平总书记强调指出，要把社会主义核心价值观的要求融入各种精神文明创建活动之中，吸引群众广泛参与，推动人们在为家庭谋幸福、为他人送温暖、为社会做贡献的过程中提高精神境界、培育文明风尚。要利用各种时机和场合，形成有利于培育和弘扬社会主义核心价值观的生活情景和社会氛围，使核心价值观的影响像空气一样无所不在、无时不有。

再次，榜样的力量是无穷的。要切实把社会主义核心价值观贯穿于社会生活方方面面。要通过教育引导、舆论宣传、文化熏陶、实践养成、制度保障等方式，使社会主义核心价值观内化为人们的精神追求，外化为人们的自觉行

创新形式，让中华优秀传统文化滋养、灌溉孩子们的心田，引导青少年理解和践行社会主义核心价值观。图为安徽省蚌埠市中小学生参加黄山书社组织的“新华杯”中华传统文化经典诵读比赛

动。广大党员、干部必须带头学习和弘扬社会主义核心价值观，用自己的模范行为和高尚人格感召群众、带动群众。要从娃娃抓起、从学校抓起，做到进教材、进课堂、进头脑。要润物细无声，运用各类文化形式，生动具体地表现社会主义核心价值观。

最后，要用制度来保障。要制定和出台各种方针、政策，特别是用法律制度来保障社会主义核心价值观的贯彻和落实。对此，习近平总书记指出，要发挥政策导向作用，使经济、政治、文化、社会等方方面面的政策都有利于社会主义核心价值观的培育。要用法律来推动核心价值观建设。各种社会管理要承担起倡导社会主义核心价值观的责任,注重在日常管理中体现价值导向,使符合核心价值观的行为得到鼓励、违背核心价值观的行为受到制约。我们对习近平总书记的指示,要坚定地不折不扣地落在实处。这也是社会主义核心价值观的性质、功能、品格的题中应有之义。

第二章　体系与内核

——核心价值体系与核心价值观的建构

社会主义核心价值观是怎样提出来的？为什么说核心价值观是“魂”？核心价值观是核心价值体系的“内核”吗？中国共产党为什么要建构社会主义核心价值体系，继而倡导社会主义核心价值观？了解这些，对我们进一步理解和践行核心价值观，确有很大的帮助。

一、核心价值观从核心价值体系中提炼

社会主义核心价值观不是天上掉下来的，也不是偶然就出现的。中国共产党倡导社会主义核心价值观，是在建构社会主义核心价值体系之后提出来的。这里，我们有必要考察核心价值体系与核心价值观的建构历程。

（一）先有核心价值体系，后有核心价值观

从时间顺序上看，中国共产党先提出建设核心价值体

系，后提出倡导核心价值观。

2006年10月8日至11日，中国共产党十六届六中全会在北京举行，时任总书记胡锦涛做工作报告并发表讲话。全会审议通过《中共中央关于构建社会主义和谐社会若干重大问题的决定》，首次提出并确认社会主义核心价值体系概念。《决定》指出："社会主义核心价值体系是建设和谐文化的根本。"

2007年10月，中共十七大将"建设社会主义核心价值体系，增强社会主义意识形态的吸引力和凝聚力"作为"推动社会主义文化大发展大繁荣"的首要之义，通过党的报告的形式确定下来。到2012年11月，中共十八大报告仍然以"扎实推进社会主义文化强国建设"为题，提出加强社会主义核心价值体系建设。指出社会主义核心价值体系是兴国之魂，决定着中国特色社会主义发展方向。要深入开展社会主义核心价值体系学习教育，用社会主义核心价值体系引领社会思潮、凝聚社会共识。

关于社会主义核心价值体系的基本内容，十六届六中全会的《中共中央关于构建社会主义和谐社会若干重大问题的决定》共概括出四项："马克思主义指导思想，中国特色社会主义共同理想，以爱国主义为核心的民族精神和以改革创新为核心的时代精神，社会主义荣辱观，构成社会主义核心价值体系的基本内容。"

十七大报告进一步提出:“社会主义核心价值体系是社会主义意识形态的本质体现。要巩固马克思主义指导地位,坚持不懈地用马克思主义中国化最新成果武装全党、教育人民,用中国特色社会主义共同理想凝聚力量,用以爱国主义为核心的民族精神和以改革创新为核心的时代精神鼓舞斗志,用社会主义荣辱观引领风尚,巩固全党全国各族人民团结奋斗的共同思想基础。”

十八大报告倡导社会主义核心价值观。在阐述“开展社会主义核心价值体系学习教育,用社会主义核心价值体系引领社会思潮、凝聚社会共识”之后,提出“倡导富强、民主、文明、和谐,倡导自由、平等、公正、法治,倡导爱国、敬业、诚信、友善,积极培育和践行社会主义核心价值观。牢牢掌握意识形态工作领导权和主导权,坚持正确导向,提高引导能力,壮大主流思想舆论”。

从上述可见,中国共产党从提出核心价值体系到核心价值观的时间并不很长,只有六年。但是如果从邓小平提出物质文明和精神文明建设“两个文明两手抓,两手都要硬”,到江泽民提出“培育有理想、有道德、有文化、有纪律的社会主义公民,牢牢把握先进文化的前进方向、坚持弘扬和培育民族精神、切实加强思想道德建设”,到胡锦涛提出“加强社会主义核心价值体系建设和倡导核心价值观”,再到习近平提出“打造凝魂聚气、强基固本的基础工程”,

则是经过了改革开放30多年的历程。因此，我们可以说，虽然社会主义核心价值体系与核心价值观的提出时间并不长，但是源远流长。当然还可以进一步说，今天我们践行社会主义核心价值观，源远流长，时不我待，责任重大，任重道远。

（二）核心价值观是对核心价值体系的高度抽象和凝练

我们认为，核心价值观是对核心价值体系的高度抽象和凝练。与此同时，也要认识到核心价值体系对社会主义精神文明建设理论的抽象和凝练。我们在这一认识基础上，需要将二者加以比较。这样，可以帮助我们认识核心价值观的地位和作用。

在社会主义核心价值体系中，马克思主义指导思想是社会主义核心价值体系的灵魂，中国特色社会主义共同理想是社会主义核心价值体系的主题，民族精神和时代精神是社会主义核心价值体系的精髓，社会主义荣辱观是社会主义核心价值体系的基础。

马克思主义指导思想是社会主义核心价值体系的灵魂。建设社会主义核心价值体系，最根本的是坚持马克思主义的指导地位。马克思主义是社会主义意识形态的旗帜。马克思主义指导思想决定了社会主义核心价值体系的性质和方向，是社会主义核心价值体系的灵魂。中国共产党特别强调,要坚持不懈地用马克思主义中国化最新成果武装全党、教育人民。

中国特色社会主义共同理想是社会主义核心价值体系的主题。中国特色社会主义共同理想能够代表最广大人民的根本利益,为社会各个阶层广泛认可和接受,能有效凝聚各个方面智慧和力量。这个共同理想,把中国共产党在社会主义初级阶段的目标、国家的发展、民族的振兴与个人的幸福紧密联系在一起,把各个阶层、各个群体的共同愿望有机结合在一起,经过实践的检验,具有令人信服的必然性、广泛性和包容性,具有强大的感召力、亲和力和凝聚力。不论哪个社会阶层、哪个利益群体,都能够也应该认同和接受这个共同理想,并且为这个理想而共同奋斗。

民族精神和时代精神是社会主义核心价值体系的精髓。以爱国主义为核心的伟大民族精神,已经深深地融入民族意识、民族品格、民族气质之中,成为各族人民团结一心、共同奋斗的价值取向。以改革创新为核心的时代精神,是马克思主义与时俱进的理论品格、中华民族富于进取的思想品格与改革开放和现代化建设实践相结合的伟大成果,已经深深地融入国家的经济、政治、文化、社会建设的各个方面,成为各族人民不断开创中国特色社会主义事业新局面的强大精神力量。民族精神和时代精神的作用是鼓舞斗志，铸造和熔炼民族之魂。

社会主义荣辱观是社会主义核心价值体系的基础。以“八荣八耻”为主要内容的社会主义荣辱观，是对与社会主义市场经济相适应、与社会主义法律规范相协调、与中华民族传统美德相承接的社会主义思想道德体系全面系统、准确通俗的表达。它旗帜鲜明地指出了在社会主义市场经济条件下，我们应当坚持和提倡什么、反对和抵制什么，为全体社会成员判断行为得失、作出道德选择、确定价值取向，提供了基本的价值准则和行为规范。社会主义荣辱观，既有先进性的导向，又有广泛性的要求，贯穿社会生活各个领域，覆盖各个利益群体，涵盖了人生态度、社会风尚的方方面面。引领社会风尚，主要依靠社会主义荣辱观。

以上讲的是社会主义核心价值体系对精神文明建设理论的抽象和凝练。那么，怎样认识核心价值观是对核心价值体系的高度抽象和凝练？又怎样正确理解和把握二者之间的关系？

第一，从核心价值体系到核心价值观，是社会主义意识形态建设在新时期深入发展的逻辑过程。前面说到，从社会主义核心价值体系的提出和建构，到核心价值观的提出和践行，源远流长。毋庸置疑，从核心价值体系到核心价值观，这是社会主义精神文明建设理论向纵深发展的过程，是社会主义意识形态建设的深入发展过程。从唯物史观的立场和观点看，这一过程不仅在时间上分出先后，从内容上说也是从具体到抽象的过程。这一深入发展的逻辑过程，表明了两点：一是认识的深化。从改革开放初期提出建设社会主义精神文明，到培育“四有”新人和代表先进文化的前进方向，再到建构社会主义核心价值体系，我国已经把对社会主义精神文明建设的认识引向了深入，形成体系。二是实践的深化。我国在战略机遇期的头十年，在“十一五时期”以后，随着社会主义核心价值体系的建构和实践，特别是西方的“普世价值”思潮涌入国内，这些对社会主义核心价值体系构成了较大的冲击。由于“普世价值”思潮的主要价值观（例如自由、平等、人权）简明扼要，朗朗上口，容易牢记；更由于它们的抽象性，可以任意解读；所以往往使人们觉得更容易接受。再加上社会主义核心价值体系四个方面内容比较庞杂，仅其中的“八荣八耻”也不容易牢记，这样一来，就等于对社会主义精神文明建设提出了挑战。客观上说，核心价值体系的建构还不能完全适应形势发展的需要。为此，在实践中特别是在与“普世价值”思潮的博弈中，必须提出与西方“普世价值”相对应的核心价值观。这是实践深化的结果，同时也是对“普世价值”思潮的回应。

第二，社会主义核心价值体系与核心价值观的冲突，是价值基础和价值目标的关系。核心价值体系由马克思主义指导思想、中国特色社会主义共同理想、民族精神和时代精神、社会主义荣辱观四个方面构成。这四个方面构成了一个完整的体系。其中每一方面,都有自己独立的领域和独立的内容。其所表现的价值是十分具体的。我们可以把这些价值称为具体价值或者价值基础。核心价值体系的每一方面或每一领域,其中的具体价值都是围绕着各自的中心议题展开的,所以,外延性的具体价值呈多样性,数量较多,但是它们还不是一般性的价值。例如,“八荣八耻”是从八个方面展开的,每一方面的价值都是具体的。因而,都是具体价值。而核心价值观则不同,它们彰显的是价值的一般性,是从具体价值上升到一般价值,是从价值基础到价值目标。这样一来,可以看出,核心价值体系处于基础地位,核心价值观处于较高地位;从核心价值体系到核心价值观,是一个从基础到上层的上升过程,也是一个从低处到高处的提高过程。虽然核心价值是一般价值,又处于高处,但是它们并不高高在上,而是非常接地气的。因而,核心价值观具有核心价值体系的全部丰富性,也彰显着核心价值体系的全部内容。

第三,社会主义核心价值体系与核心价值观,是互相依存、互为条件的关系。社会主义核心价值体系是社会主义核心价值观形成和发展的必要条件,是核心价值观的基础。二者之间,是互相依存、互为条件的关系。我们说,没有核心价值体系做基础,就不可能产生现在的核心价值观。也就是说,没有核心价值体系,就不会有核心价值观的产生、发展和演进,核心价值观就无所依托、无所寄寓,就会成为无源之水、无本之木。同样,没有核心价值观,核心价值体系尚缺少最高的价值目标,虽然能具体彰显基础价值,但是往往容易在具体的领域里徘徊、打转转,而缺少高屋建瓴的高度。这样,核心价值体系的建构和发展,也往往具有一定的局限性。于是,认识和把握二者之间互相依存、互为条件的关系,就显得至关重要了。基于这种关系,核心价值观不是空洞的口号,也不是一般的号召,而是具有实实在在的内容,有着坚实丰厚的基础。同理,核心价值体系虽然体现的是具体价值,但是他们还有更高的价值目标,还有更高的价值目标追求。

第四,社会主义核心价值体系与核心价值观,是从具体到抽象、又从抽象到具体的逻辑过程。社会主义核心价值体系体现了具体性,社会主义核心价值观体现了抽象性。二者之间的关系,是从具体到抽象、又从抽象到具体的逻辑过程。核心价值体系的具体性,表现为它们反映社会主义经济、政治和文化的制度要求,体现社会主义发展趋势的核心思想意识、价值观念的总和,核心价值观则是对社会主义核心价值体系核心内容和精神实质的高度凝练及抽象概括。从具体内容来看,核心价值体系是一个由马克思主义指导思想、中国特色社会主义共同理想、以爱国主义为核心的民族精神和以改革创新为核心的时代精神、社会主义荣辱观等多方面内容所构成的科学价值体系,而核心价值观则是集中体现这种核心价值体系的根本目标和要求。核心价值体系的内容比较具体全面,而核心价值观的内容则比较抽象概括。那么,为什么二者之间的关系是从具体到抽象、又从抽象到具体的逻辑过程?这是从实践论的观点来认识的。我们应确立核心价值观与核心价值体系是一个相辅相成、有机统一的过程。这个过程从具体到抽象是现实发展过程,同时又从抽象到具体,这是深化过程。事实上,核心价值观看起来抽象,实际上又都是十分具体的,这不仅是因为核心价值观是以核心价值体系的具体价值为支撑,而且在实践过程中,都是以这些具体价值为内容的。从核心价值体系到核心价值观,再从核心价值观到核心价值体系,这是一个循环往复的过程。在这一过程中,核心价值体系将得以更加丰富和完善,核心价值观将得以更加精准、更加有感召力。

第五,社会主义核心价值体系与核心价值观,是辩证发展的关系,不能将二者割裂甚至对立起来。如前所述,核心价值体系与核心价值观之间是辩证发展的关系。孤立、静止地把握二者之间的关系是错误的,而将二者之间对立起来，是有害的。我们不能用后者来否定前者，不能否定核心价值体系的基础作用；同时，也不能只强调前者的基础作用，否定后者的高度整合、高度凝聚作用。在现实中有人以为，有了核心价值观，就可以不要核心价值体系了，或者核心价值体系就可用可不用了。这种认识是错误的。在中国特色社会主义建设的实践中，社会主义核心价值体系是任何时候都不能没有的，更是不能丢弃的。没有了这些价值基础，社会主义核心价值观将成为空中楼阁。与此同时，我们也不能对核心价值观抱有“虚幻”的认识，认为核心价值观高高在上，空洞，不接地气，不好把握，这也是错误的。核心价值观是实实在在的，束之高阁和敬而远之都不是正确的态度。我们应该将二者有机地统一在一起，形成一个完整、辩证、科学的认识。

（三）核心价值观是“内核”和“魂”

社会主义核心价值观是社会主义核心价值体系的内核、高度概括和抽象。同时，作为内核的核心价值观，又是“核心中的核心”，是具有统摄作用的“魂”，能够统领和指导核心价值体系的运行。进一步说，核心价值观是一个社会中居统领地位、起支配作用的最高价值理念，是一种社会制度、社会形态长期普遍遵循、相对稳定的根本价值准则，是一个社会的价值观、价值体系和核心价值体系的灵魂。

在实践中，认识核心价值体系的内核是核心价值观，是灵魂，具有重要的现实指导意义。核心价值观决定核心价值体系的根本性质、基本方向和基本特征，引领核心价值体系的建构。核心价值观既体现着现实性的价值要求，又包含着理想性的价值诉求；既有大多数人普遍可以接受并实践的广泛性价值体现，又有感召人们不断递升的先进性价值理念。

因此，我们也要辩证地认识核心价值观，认识到核心价值观作为核心价值体系的“内核”和“魂”，既是相对的，又是统一的。所谓相对的，是指这些内核是相对于价值基础和具体价值而言的，是对价值基础和具体价值的抽象，没有在这一基础上的抽象，就形不成内核，也成不了“魂”；同时，作为内核与魂的核心价值观，其统摄地位和作用又是统一的，它们不是孤立地存在着，而是统一于社会主义精神文明建设，统一于社会主义意识形态建设，最终统一于中国特色社会主义建设事业的。从这个意义上说，社会主义核心价值观所彰显的“内核”与“魂”，具有至高无上的“统摄”地位。

二、核心价值体系与核心价值观统一于中国特色社会主义建设事业

那么,怎样理解核心价值体系与核心价值观统一于中国特色社会主义建设事业呢?我们的看法是:第一,核心价值体系的建构,基于中国特色社会主义文化建设事业。第二,核心价值观的倡导和践行,基于中国社会主义意识形态建设的迫切要求。第三,无论是核心价值体系的建构,还是核心价值观的倡导和践行,其落脚点都是重在“建设”和勇于“实践”上。

当前,贯彻落实社会主义核心价值体系与核心价值观的热潮,已经在全国兴起。这里,我们以福建省厦门市为例,看看这座城市是怎样通过文明创建活动,构建社会主义核心价值体系与核心价值观的。厦门是中国现代化国际性港口、风景旅游城市,拥有第一批国家5A级旅游景区——鼓浪屿。美国前总统尼克松曾赞美厦门为“东方夏威夷”。截至2015年,厦门市市区建成区317平方公里,主城区人口386万。1999年,厦门被授予首批“全国创建文明城市工作先进城市”的荣誉称号,并由此拉开了文明创建的序幕。2005年,在经过全国文明城市测评组的明察暗访、入户调查等综合测评后,厦门以全国最高分摘得了

首批“全国文明城市”桂冠，也成了第一批获评的10个全国文明城市之一。2009年1月20日，厦门市第二次荣获“全国文明城市”称号。2011年12月20日，厦门荣获全国文明城市“三连冠”。2015年2月，厦门实现全国文明城市“四连冠”。

我们先从环卫工人的业绩说起。2014年黄金周，南普陀寺接待了20多万名游客，留下了地上没有一片垃圾的美谈；漫步江头街道，被鲜花“包围”的配电房都画上美丽的油画，感受到的是在一年四季花朵绽放的小区里邻里正守望互助……有一个数字让人惊叹，在多次的公众调查中，厦门市民对文明创建的支持率几乎达100%。城市文明创建的成效，最终还是要体现在市民文明程度和文明素质的提升上。

有一次，慕名而来的重庆14位盲人在厦门进行为期一周的“自由行”。当他们到鼓浪屿钢琴博物馆时，工作人员了解到他们主要是靠摸和听来游玩后，破例打开其中一架钢琴的保护罩，让他们亲手触摸琴键，团里的音乐爱好者屈安辉还现场弹了一曲《舞女》。来访的团长蔡美岐说：“从来没有哪个展馆会这么优待我们，我们非常感动。”

随处可见的“小红帽”就是厦门文明创建常态化的真实写照。他们来自各行各业，遍布各个年龄层，却有着共同的理念，“闲时做义工”更是成了不少市民的习惯。关爱服务类、公共文明类、社区服务类、健康救助类、环境保护类、宣传教育类，多类型、多主题的义工活动把爱的触角延伸到城市生活的方方面面，在各个角落生根发芽。城市义工、光明志愿者、白鹭志愿联盟……全市40多万名志愿者长年活动在一线，服务市民、游客。

厦门还以社区为重点，搭建志愿服务需求对接平台；改进注册办法，完善注册制度，实行一人一注册；制定《厦门市尊崇礼遇志愿者办法》，探索志愿者在升学、就业、就医等方面的优惠措施，推动志愿服务的健康、可持续发展。

一点一滴的改进，一街一巷的重视，日日夜夜的坚持，厦门希望营造一个人人向善、向上的氛围。在推进诚信制度化建设上，厦门建立了联合惩戒制度，设置了诚信"红黑榜"信息平台，大力营造"守信光荣、失信可耻"的社会环境，让诚信的氛围越来越浓。在禾山社区，才艺达人孙桂香、健身达人李永康、书法达人陈汉生等一批热心居民，以小区活动中心为依托，自主开办兴趣班，带动居民走出家门，融入社区这个"大家"。在"美丽厦门共同缔造"行动中，这个社区由"生人社区"变身"熟人社区"。在马塘幸福院，老人们要么凑在一起聊天、下棋，要么一起去健身室里锻炼身体，幸福快乐的笑容洋溢在老人们脸上。据介绍，马塘幸福院是共同缔造下的厦门翔安区首个农村幸福院，全村65岁以上老人自愿全免费入住，目前已有40多名老人在这里快乐生活。

厦门市创建全国文明城市的经验做法主要是:第一,抓认识,坚持“主官主责”;第二,抓点评,巩固创建成果;第三,抓投入,造福人民群众;第四,抓宣传,激发参与热情;第五,抓品牌,推进文明创建。以抓品牌为例,厦门的文明创建已形成了一系列“文明品牌”——情暖空巢的“平安铃”、扶贫济困的“爱心”品牌、心理健康教育的“顺心”品牌、非公企业的“诚心”品牌、外来员工的“暖心”品牌。品牌活动,成为持续推进文明城市创建的有效载体。厦门在全省首创“爱心超市”,创新了扶贫济困工作新模式,并荣膺第三届“中国地方政府创新奖”。目前,岛内所有街道都建立了“爱心超市”,并从城区拓展到农村,全市帮扶的贫困户达1万多户。率先在全省开展中小学校和社区心理健康教育活动,每个学校配备专职心理教师,社区普遍设置心理咨询室,形成心理咨询的“深田模式”,建立全省第一个“阳光网站”,心理健康教育成为思想道德教育新手段。围绕提高企业的经济效益,广泛开展“比贡献、比技能、比守法、比诚信”教育活动,创建学习型企业,拓展了非公有制企业精神文明创建新领域。坚持人性化管理、市民化待遇、亲情化服务原则,善待来厦务工人员,建立来厦务工人员培训中心、文明学校,至2012年底,已培训进城务工人员154万人次,“入市”教育探索进城务工人员教育新路子。

2014年10月22日，中共厦门市委办公厅下发了《关于培育和践行社会主义核心价值观的实施意见》，号召全市人民“深入学习贯彻党的十八大、十八届三中全会和习近平同志系列重要讲话精神，紧紧围绕坚持和发展中国特色社会主义这一主题，紧紧围绕实现中华民族伟大复兴中国梦这一目标，紧紧围绕‘三个倡导’这一基本内容，紧紧围绕‘美丽厦门共同缔造’这一生动实践，不断增强建设社会主义核心价值观的思想自觉、行动自觉，动员和激励全市人民为推进全面深化改革和美丽厦门建设而努力奋斗”。

厦门市委提出培育和践行社会主义核心价值观的基本原则是：强化社会主义核心价值观的导向作用、引领作用，打牢价值观建设的社会基础。坚持不忘本来、固本培元，以优秀历史文化涵养社会主义核心价值观。树立长期深入的思想，坚持全方位贯穿、深层次融入，把社会主义核心价值观更好地贯穿到国民教育、精神文明建设和党的建设之中，贯穿到经济社会发展之中，渗透到人们的日常生产生活之中，渗透到各项规章制度之中，在落细、落小、落实上下功夫。具体强调把培育和践行社会主义核心价值观贯穿和融入到经济发展和社会治理实践全领域、国民教育全过程、宣传教育全方位、各类社会实践教育活动全过程。提出确保工作任务落实到基层。全市各级党政机关、学校、企事业单位以及广大农村、社区等基层组织，要结合各自特点有针对性地开展工作，使培育和践行社会主义核心价值观融入基层党组织建设、基层政权建设中，融入城乡居民自治中，融入人们的生产生活和工作学习中，努力形成人人践行社会主义核心价值观的生动景象，推动社会主义核心价值观不断转化为社会群体意识和人们的行动自觉。

我们从厦门市贯彻和落实社会主义核心价值体系与核心价值观的“文明创建”活动中可以看出，厦门市委和厦门市民已经有机地将践行核心价值体系与核心价值观统一于中国特色社会主义建设事业，从而做出了辉煌的业绩，做出了卓越的贡献，值得全国人民学习。

三、核心价值体系和核心价值观构建的历史性和开放性

纵观从建构社会主义核心价值体系到践行社会主义核心价值观的历史过程，我们可以进一步分析核心价值体系和核心价值观构建的历史性和开放性。这一分析，对于我们更好地理解和把握社会主义核心价值观是完全必要的。

(一)历史性

回顾历史,不仅是为了追根溯源,更是为了开创未来。

改革开放以来,从邓小平开创中国特色社会主义道路的那一刻起,政府就从来没有放松抓精神文明建设。社会主义物质文明建设和精神文明建设,“两手抓,两手都要硬”,已成为改革开放初期中国共产党领导人民一心一意进行社会主义建设的重要指导方针。事实证明,这一方针是正确的、及时的,极大地促进了中国特色社会主义建设事业的开创和顺利发展。

邓小平在改革开放初期指出:“所谓精神文明,不但是指教育、科学、文化(这是完全必要的),而且是指共产主义的思想、理想、信念、道德、纪律、革命的立场和原则,人与人的同志式关系,等等。”1996 年 10 月,在党的十四届六中全会闭幕会上,江泽民发表《努力开创社会主义精神文明建设的新局面》的讲话。十四届六中全会审议并通过了《中共中央关于加强社会主义精神文明建设若干重要问题的决议》。

直到 1998 年 12 月,江泽民在纪念党的十一届三中全会召开二十周年大会上的讲话中,总结二十年来的主要历史经验,强调必须坚持物质文明和精神文明的共同进步。他指出,要在搞好物质文明建设的同时,把社会主义精神文明建设提到突出的地位。要切实加强思想道德建设，努力发展教育科技文化，以科学的理论武装人，以正确的舆论引导人，以高尚的精神塑造人，以优秀的作品鼓舞人，培育有理想、有道德、有文化、有纪律的社会主义公民，提高全民族的思想道德素质和科学文化素质。坚持在全社会提倡社会主义道德、共产主义道德，大力弘扬爱国主义精神、集体主义精神、为人民服务和勇于奉献的精神，同时把先进性要求同广泛性要求结合起来，鼓励一切有利于国家统一、民族团结、经济发展、社会进步的思想道德，使广大干部和群众不仅具有共同的理想和奋斗目标，而且保持强大的凝聚力和丰富的创造力。

2002 年 11 月 8 日，中国共产党的十六大召开。十六大的主题是：高举邓小平理论伟大旗帜，全面贯彻“三个代表”重要思想，继往开来，与时俱进，全面建设小康社会，加快推进社会主义现代化，为开创中国特色社会主义事业新局面而奋斗。报告中提出全面建设小康社会的目标，并以“文化建设和文化体制改革”为题，指出当今世界，文化与经济和政治相互交融，在综合国力竞争中的地位和作用越来越突出。文化的力量，深深熔铸在民族的生命力、创造力和凝聚力之中。全党同志要深刻认识文化建设的战略意义，推动社会主义文化的发展繁荣。报告从牢牢把握先进文化的前进方向、坚持弘扬和培育民族精神、切实加强思想道德建设、大力发展教育和科学事业、积极发展文化事业和文化产业、继续深化文化体制改革共六个方面，阐述了全面建设小康社会，必须大力发展社会主义文化，建设社会主义精神文明。

应该说，从邓小平到江泽民，是社会主义精神文明建设理论的形成和发展时期。

2006年10月8日至11日，中国共产党十六届六中全会在北京举行，胡锦涛作工作报告并发表讲话。全会审议通过《中共中央关于构建社会主义和谐社会若干重大问题的决定》，首次提出并确认社会主义核心价值体系概念。

《决定》是在"建设和谐文化，巩固社会和谐的思想道德基础"框架内展开对社会主义核心价值体系的论述的，指出："社会主义核心价值体系是建设和谐文化的根本。"

在十七大报告中，社会主义核心价值体系依然被放置在文化范畴之内，是报告第七部分《推动社会主义文化大发展大繁荣》的第一项内容。

从十六届六中全会到十七大，社会主义核心价值体系一直被置于文化的范畴之内，但文化的范围有所扩展。

"建设社会主义核心价值体系"是在总结改革开放以来思想道德建设经验的基础上提出来的重大观点。在此之前，虽然没有正式提出这样的讲法，但社会主义核心价值体系的基本内涵和主要内容，一直是思想道德建设的重要构成。

早在2004年2月26日,中共中央、国务院发出《关于进一步加强和改进未成年人思想道德建设的若干意见》,其中就包含社会主义核心价值体系的若干内容。5月10日至11日,中共中央在北京召开全国加强和改进未成年人思想道德建设工作会议。这是新中国成立以来中共中央第一次召开这样的会议。其后,为落实会议精神,中宣部、中央文明办、教育部、文化部、国家广电总局、国家新闻出版总署、共青团中央举行了规模甚大的向社会推荐"百部爱国主义教育影片、百首爱国主义教育歌曲、百种爱国主义教育图书"(三个一百)活动。这项活动的主题,就是后来被纳入社会主义核心价值体系重要内涵的以爱国主义为核心的伟大民族精神。10月,中共中央、国务院又下发《关于进一步加强和改进大学生思想政治教育的意见》,从"全面实施科教兴国和人才强国战略"的角度,强调了基本价值观对于大学生成长的深远战略意义。

2006年3月4日,胡锦涛在参加全国政协十届四次会议民盟、民进界委员联组讨论时发表讲话,强调要引导广大干部群众特别是青少年树立以"八荣八耻"为主要内容的社会主义荣辱观。"八荣八耻"是指:以热爱祖国为荣,以危害祖国为耻;以服务人民为荣,以背离人民为耻;以崇尚科学为荣,以愚昧无知为耻;以辛勤劳动为荣,以好逸恶劳为耻；以团结互助为荣，以损人利己为耻；以诚实守信为荣，以见利忘义为耻；以遵纪守法为荣，以违法乱纪为耻；以艰苦奋斗为荣，以骄奢淫逸为耻。

政府通过提高公共文化服务能力和水平，保障人民群众共享文化发展成果。图为北京市健身腰鼓大赛比赛现场

2006年5月19日，中央精神文明建设指导委员会下发《关于深入学习实践社会主义荣辱观，大力加强思想道德建设的意见》。此后，社会主义荣辱观被正式纳入社会主义核心价值体系的范畴。

到2007年10月，中共十七大将“建设社会主义核心价值体系，增强社会主义意识形态的吸引力和凝聚力”作为“推动社会主义文化大发展大繁荣”的首要之义，通过党的报告的形式确定下来。

2012年11月，中共十八大报告以“扎实推进社会主义文化强国建设”为题，提出加强社会主义核心价值体系建设。指出社会主义核心价值体系是兴国之魂，决定着中国特色社会主义的发展方向。要深入开展社会主义核心价值体系学习教育，用社会主义核心价值体系引领社会思潮、凝聚社会共识。倡导富强、民主、文明、和谐，倡导自由、平等、公正、法治，倡导爱国、敬业、诚信、友善，积极培育和践行社会主义核心价值观。牢牢掌握意识形态工作领导权和主导权，坚持正确导向，提高引导能力，壮大主流思想舆论。

党的十八大之后，习近平总书记在各种场合多次阐述社会主义核心价值观。他在关于社会主义核心价值观的系列重要讲话中，在党和国家相关工作会议、表彰会议以及到全国各省区市和军队各大单位、各大军区考察调研的讲话中，先后对党内外、体制内外的36个社会群体，提出了培育和弘扬社会主义核心价值观的分类指导要求。这36个党内和社会群体，既覆盖了中共中央政治局常委、政治局委员等党和国家高级干部，也覆盖了纪检、组织、宣传、统战、政法、办公厅、群团、军队、军转干部、县委书记、基层干部和老同志等不同领域、各个层级的干部；既覆盖了当代中国工人、劳动模范和先进人物，也覆盖了年轻一代高技能人才；既覆盖了广大科技、文艺、教育工作者和中央企业负责人等传统范畴的社会群体，也覆盖了新媒体中的代表性人士、党外代表人士、非公有制经济人士和其他新的社会阶层人士；既覆盖了离退休老同志，也覆盖了广大青少年等各个年龄段的社会人群。据统计，仅从党的十八大召开后至2014年5月，习近平关于社会主义核心价值观的讲话就有十余次。例如：

2012年11月29日在参观《复兴之路》展览时的讲话；2013年3月1日在中央党校建校80周年庆祝大会暨2013年春季学期开学典礼上的讲话；2013年3月17日在十二届全国人大一次会议闭幕会上的讲话；2013年4月28日在同全国劳动模范代表座谈时的讲话；2013年5月4日在同各界优秀青年代表座谈时的讲话；2013年8月19日在全国宣传思想工作会议上的讲话；2013年11月26日在山东考察时的讲话；2013年12月30日在中共中央政治局第十二次集体学习时的讲话；2014年2月17日在省部级主要领导干部学习贯彻十八届三中全会精神全面深化改革专题研讨班开班式上的讲话；2014年2月24日在中央政治局第十三次集体学习时的讲话；2014年3月9日参加十二届全国人大二次会议安徽代表团审议时的讲话；2014年5月4日在北京大学师生座谈会上的讲话；2014年5月16

日在会见第五次全国自强模范暨助残先进集体和个人表彰大会受表彰代表时的讲话;2014 年 5 月 30 日在北京市海淀区民族小学主持召开座谈会时的讲话。

习近平总书记的这些讲话,分别阐述了核心价值观是一个民族赖以维系的精神纽带,是推动一个民族、一个国家发展进步的最深沉的力量;核心价值观是一个国家的重要稳定器。培育和弘扬核心价值观,有效整合社会意识,是社会系统得以正常运转、社会秩序得以有效维护的重要途径,也是国家治理体系和治理能力的重要方面;核心价值观是文化软实力的灵魂;核心价值观是中国特色社会主义道路、理论、制度自信的重要支撑;等等。习近平的讲话精神,指导我们把践行社会主义核心价值观推向深入。

我们从党和国家领导人邓小平、江泽民、胡锦涛、习近平关于社会主义精神文明建设、社会主义核心价值体系、社会主义核心价值观的阐述中可以看出,这是一个前进的历史进程,至今经历了 30 多年。可以说,社会主义核心价值观来之不易。这是社会主义精神文明建设的伟大成果,是社会主义意识形态建设的伟大成果,是全党和全国人民全面推进践行社会主义核心价值观的指南,我们一定要坚定不移地遵照执行。

(二)开放性

从辩证唯物主义和历史唯物主义的立场和观点出发,

我们应该认识到，社会主义核心价值体系与核心价值观，不是静止的、孤立的、停滞不前的，而是开放的、发展的。

如前所述，认识核心价值体系的内核是核心价值观，是灵魂，具有重要的现实指导意义。核心价值观决定核心价值体系的根本性质、基本方向和基本特征，引领核心价值体系的建构。核心价值观既体现着现实性的价值要求，又包含着理想性的价值诉求；既有大多数人普遍可以接受并实践的广泛性价值体现，又有感召人们不断递升的先进性价值理念。这是因为：

首先，社会主义核心价值体系的开放性，决定了核心价值观的开放性。社会主义核心价值体系不是僵化、封闭的，其马克思主义的指导地位和中国特色社会主义的理想信念，决定了作为科学体系，要么与时俱进、不断发展，要么自我封闭、自我僵化，走向终结。社会主义核心价值体系的这种开放性，决定了核心价值观也必然是开放的。它既然脱胎于核心价值体系，是被抽象出来的价值理念，因而就必然带有开放性的基因。

其次，“富强”等 24 个字是在核心价值体系的开放中抽象和凝聚起来的。正由于社会主义核心价值体系的开放性，那么，社会主义核心价值观的富强、民主、文明、和谐等 24 个字，就是在开放的体系中被抽象和凝聚起来的。它面对的是整个国家、全体社会、人民大众，这就决定了其必须敞开胸怀,使核心价值观更具有普遍性,以彰显核心价值观的开放性。

再次,核心价值观的理念不是停滞、固定不变的,发展是绝对的。社会主义核心价值观在践行的过程中,会不断发展和完善,随着实践发展的需要,还将向更高和更加理想的价值目标前进,这得益于核心价值观本身的开放性。

以上原因决定了我们对核心价值观的探索和追求,也是无止境的:只有进行时,没有完成时。这将始终是一个前进的过程,是追求“真善美”的过程,是中华民族的精神世界不断丰富和完善的过程,也是薪火相传、与时俱进的过程。

第三章　传承与创新

——与马克思主义价值观和中国优秀传统文化一脉相承

社会主义核心价值观继承了马克思主义的价值观，与马克思主义价值观一脉相承。同时，它们也继承了中华民族传统文化，与中华民族优秀传统文化薪火相传。

一、社会主义核心价值观继承了马克思主义价值观

我们在讲到核心价值观的性质时说，核心价值观“姓社不姓资”，以此论证了核心价值观的阶级性，接着又阐述了核心价值观是社会主义的意识形态，不是资本主义的意识形态。这一观点基于马克思主义的基本原理，符合唯物主义历史观。

中国是社会主义国家。《宪法》序言明确指出：“中华人民共和国成立以后，我国社会逐步实现了由新民主主义到社会主义的过渡。生产资料私有制的社会主义改造已

经完成,人剥削人的制度已经消灭,社会主义制度已经确立。工人阶级领导的、以工农联盟为基础的人民民主专政,实质上即无产阶级专政,得到巩固和发展。”这就鲜明地指出了人民民主专政的实质,代表着无产阶级实行人民当家做主。

作为人民当家做主的社会主义国家,统治阶级当然要有属于统治阶级的意识形态。在马克思看来,“统治阶级的思想在每一时代都是占统治地位的思想。这就是说,一个阶级在社会上占统治地位的物质力量,同时也是社会上占统治地位的精神力量。支配着物质生产资料的阶级,同时也支配着精神生产资料,因此,那些没有精神生产资料的人的思想,一般的是隶属于这个阶级的”。这也就是说,统治阶级除了利用物质力量来巩固自己的统治地位外,还利用精神力量来进行统治。这种精神力量就是意识形态。而社会主义核心价值观,就是人民的精神力量的显示。

在马克思和恩格斯的经典著作中,虽然没有专门系统阐述价值观的文献,但是可以说处处有他们的价值观,彰显着价值观的阶级性。例如,马克思和恩格斯阐述了“共产主义是关于无产阶级解放条件的学说”,“无产阶级将取得国家政权,并且首先把生产资料变为国家财产”,“代替那存在着阶级和阶级对立的资产阶级旧社会的,将是这样一个联合体,在那里,每个人的自由发展是一切人的自由发展的条件”,“未来无产阶级革命的最终结果之一,将是称为国家的政治组织逐步解体直到最后消失”,“人终于成为自己的社会结合的主人,从而也就成为自然界的主人,成为自身的主人——自由的人。完成这一解放世界的事业,是现代无产阶级的历史使命”。

在列宁的著作中,他多次阐述社会主义意识形态建设的必要性,强调建立社会主义思想体系,揭露和批判资本主义和帝国主义的本质。他主张星期六义务劳动和共产主义道德实践,并阐述了集体主义价值观。

毛泽东在《愚公移山》《为人民服务》《纪念白求恩》等名篇中,阐述了工农大众和无产阶级先锋战士的价值观。他号召全党和全国人民“向雷锋同志学习”,开启了在中国大地上经久不衰的学雷锋活动。改革开放后,邓小平强调建设高度的社会主义精神文明;江泽民强调培育社会主义“四有”新人;胡锦涛强调“八荣八耻”等等,都是从各种角度对社会主义价值观的阐述。

马克思主义价值观,既一脉相承,又与时俱进。它们有共同的阶级基础、共同的思想理论基础、共同的奋斗目标。这里有必要指出,要正确地理解和把握“价值观”,就要认识到与其相联系的“历史观”“人生观”“世界观”。在这些“观”中,最根本的是世界观,其次是人生观、历史观、价值观。也就是说,价值观从根本上是从属于世界观的;

同时，价值观也与人生观和历史观发生紧密的联系。这就要求人们在认识和把握价值观时进行准确、科学的定位。

二、社会主义核心价值观渗透着中国优秀传统文化的精华

我们在阐述核心价值观的性质时，还说过核心价值观“姓中不姓西”，这是指社会主义核心价值观渗透着中国优秀传统文化的精华，在世界文明史上，具有中国文明独特的魅力。

（一）中华优秀传统文化是核心价值观滋生和成长的土壤

中华文明绵延数千年，有其独特的价值体系。中华优秀传统文化已经成为中华民族的基因，植根在中国人内心，潜移默化地影响着中国人的思想方式和行为方式。因此，中华优秀传统文化是核心价值观滋生和成长的土壤。

习近平总书记曾阐述了核心价值观与中华优秀传统文化的关系。他在北京大学师生座谈会上说：“今天，我们提倡和弘扬社会主义核心价值观，必须从中汲取丰富营养，否则就不会有生命力和影响力。比如，中华文化强调‘民惟邦本’‘天人合一’‘和而不同’，强调‘天行健，君子以自强不

息’‘大道之行也，天下为公’；强调‘天下兴亡，匹夫有责’，主张以德治国、以文化人；强调‘君子喻于义’‘君子坦荡荡’‘君子义以为质’；强调‘言必信，行必果’‘人而无信，不知其可也’；强调‘德不孤，必有邻’‘仁者爱人’‘与人为善’‘己所不欲，勿施于人’‘出入相友，守望相助’‘老吾老以及人之老，幼吾幼以及人之幼’‘扶贫济困’‘不患寡而患不均’，等等。像这样的思想和理念，不论过去还是现在，都有其鲜明的民族特色，都有其永不褪色的时代价值。这些思想和理念，既随着时间推移和时代变迁而不断与时俱进，又有其自身的连续性和稳定性。我们生而为中国人，最根本的是我们有中国人的独特精神世界，有百姓日用而不觉的价值观。我们提倡的社会主义核心价值观，就充分体现了对中华优秀传统文化的传承和升华。”

习近平的上述讲话告诉我们，社会主义核心价值观不是天上掉下来的，不是社会主义制度天生赋予的，而是与中华民族优秀传统文化有着割舍不断的血脉联系，这是中华民族精神世界的传承。正是这些优秀传统文化积淀在中华民族的骨血中，才能使中华民族精神延绵不绝，这也正是中华民族文明历史没有发生断裂的重要原因之一。

我们强调社会主义核心价值观有中国风格、有中国气派，在很大程度上，就是我们中华民族优秀传统文化在起作用。

（二）核心价值观的历史性和时代性

中华民族的核心价值观，是在中华民族优秀传统文化的历史积淀和不断传承的基础上形成和发展的。在历史的长河中，在不同的历史时期和阶段，它又都表现和反映着时代精神的精华。我们应该看到核心价值观的历史性和时代性，要站在唯物史观的立场上，理解和把握核心价值观的这一特征。

核心价值观的历史性，是指核心价值观的积淀形成和发展过程，这个过程是历史的，是有传承的，是延绵不断的，这是从总的发展趋势来看。同时，核心价值观在不同历史时期和阶段会有不同的内涵和外延，表现形式也会多种多样，这是从具体的历史时期和阶段来看。

例如，辛亥革命时期，以孙中山为代表的资产阶级革命党人的核心价值观，是振兴中华、革命和民主。由孙中山起草的《兴中会宣言》，指出了帝国主义瓜分中国的严重民族危机，揭露了清朝统治的腐朽卖国行径，呼吁爱国志士行动起来，为挽救民族危亡、建设强盛的中国而努力奋斗。《宣言》郑重申明："是会（指兴中会）之设，专为振兴中华，维持国体起见。"此后，在反帝反封建的民主革命中，无数革命志士为"振兴中华"的口号所激励，抛头颅，洒热血，终于推翻了清王朝的统治，结束了统治中国两千多年的封建君主专制制度。孙中山在提出“振兴中华”口号的同时，还阐述了如何“振兴中华”的问题：第一，要“振兴中华”，就必须反对帝国主义对中国的侵略和掠夺，“扶大厦之将倾”，维护国家的独立和主权；第二，要“振兴中华”，就必须进行反清革命，推翻清王朝的统治，使中国人民从封建专制主义的压迫下解放出来；第三，要“振兴中华”，就必须向西方学习，发展资本主义经济，进行政治革命，“创立合众政府”。辛亥革命一举推翻了统治中国数千年的封建专制制度，建立了一个崭新的民主共和国，成为中国近代历史的第一次巨变。辛亥革命是以法国大革命、美国独立战争为模版的、旨在推翻帝制建立民主共和国的武装暴动，旗帜鲜明地提出并极力鼓吹实行革命的是以孙中山为代表的资产阶级革命党人。他们明确强调自己所从事的革命是“国民革命”，给其赋予全新内容。孙中山指出：“故前代为英雄革命，今日为国民革命，所谓国民革命者，一国之人皆有自由、平等、博爱之精神，即皆负革命之责任。”资产阶级革命党人对革命的宣传和实践，使革命思想与革命理念成为时代的主旋律。主要表现在：不但出现了民族革命、政治革命、民主革命等概念，而且还启发了广义的社会文化革命意识。1905 年 8 月，孙中山在《同盟会宣言》中明确提出了革命的政治目标是建立民主共和国。他说：“今者由平民革命以建国民政府，凡为国民皆平等以有参政权。大总统由国民共举。议会以国民公举之议员权成之,制定中华民国宪法,人人共守。敢有帝制自为者,天下共击之!”1911年辛亥革命成功,国民政府随后立即颁布了《中华民国临时约法》,进一步用法律的形式确认了一系列民主原则。

例如,抗日战争时期,在中国共产党的领导下,全国各族人民万众一心,团结一致,不畏强暴,不屈不挠,前仆后继,同仇敌忾,一致对外,捍卫领土,追求民族解放,彰显出来的核心价值观,就是“抗战精神”。抗击侵略、救亡图存成为中国各党派、各民族、各阶级、各阶层、各团体以及海外华侨华人的共同意志。在中国共产党倡导建立的以国共合作为基础的抗日民族统一战线旗帜下,地不分南北,人不分老幼,全国人民义无反顾地投身到抗击日本侵略者的洪流之中。抗战精神是以爱国主义为核心的伟大民族精神的时代体现,是中国共产党团结带领全国各族人民实现民族独立和人民解放的伟大斗争中的精神结晶,它从产生的那一天起,就融入了中国人民的血脉,成为中华民族宝贵的精神财富和取之不尽、用之不竭的力量源泉。抗战精神的核心内容是“天下兴亡、匹夫有责;不畏强暴、血战到底;视死如归、宁死不屈;百折不挠、坚忍不拔;众志成城、共御外侮”。具体就是:天下兴亡、匹夫有责的爱国情怀;不畏强暴、血战到底的民族气概;视死如归、宁死不屈的英雄气节;百折不挠、坚忍不拔的必胜信念;众志成城、共御外侮的大局意识。归结起来,抗战精神就是不朽的中华民族精神。

又例如,在延安时期,从1935年到1948年,中共中央和毛泽东在这里领导、指挥了抗日战争和解放战争,奠定了中华人民共和国的基石,谱写了可歌可泣的历史篇章。这一时期所彰显的核心价值观,也就是“延安精神”。延安精神在中国的革命和建设中发挥了巨大的精神动力作用。延安精神是我们党、也是中华民族的宝贵精神财富,它对中国历史发展进程产生着巨大和深远的影响。延安精神主要包括实事求是、理论联系实际的精神,全心全意为人民服务的精神和自力更生艰苦奋斗的精神。延安精神的本质内容是解放思想、实事求是。中国共产党坚持一切从中国的实际出发,把马克思主义普遍原理同中国革命的实际结合起来,开拓创新,在所从事的新民主主义革命这项全新事业中,开创了有中国特色的农村包围城市的革命道路,创立了最广泛的爱国统一战线等等,都是延安精神的具体体现。其中“为人民服务”的思想对于中国共产党产生了极其深远的影响,也是核心价值观的具体体现。

核心价值观既是历史的,也是时代的。不同时期的核心价值观,必然彰显着它的时代性。核心价值观的确立不可能超越它所处的时代。恩格斯指出:“每一个时代的理论思维，从而我们时代的理论思维，都是一种历史的产物，它在不同的时代具有完全不同的形式，同时具有完全不同的内容。”这就是说，理论思维既受到历史的制约，也受到时代的影响。核心价值观也是一样，它无法脱离历史和时代。一般说来，核心价值观与时代精神的精华紧密相连。在马克思看来，哲学是时代精神的精华。从这个方面说，核心价值观也是一种哲学的抽象。我们通常说，哲学就是世界观和方法论，那么，核心价值观也就有了世界观和方法论的意义。社会主义核心价值观，其历史性和时代性是统一的，其中，核心价值观的每一组词，其世界观和方法论的内容是清晰的，意义也都是重大和现实的。

与此相应，核心价值观的历史性和时代性的相统一还表明，其所表现的阶级性，也是内在的、鲜明的。关于这一点，我们在本章的第一部分，阐述了社会主义核心价值观是对马克思主义价值观的继承和弘扬时，已阐述了其阶级性，这里不再赘述。

（三）社会主义核心价值观属于中华各民族

我们还应认识到，社会主义核心价值观的民族性。具体来说，社会主义核心价值观不是某一个单一民族的价值观，而是属于中华民族的每一民族，是每一个民族共同的价值观。对此问题，理论界较少论及。我们认为，讲我们的核心价值观，也是应该把这个问题说清楚的，具有重大的现实意义。

中国自古以来，就是一个多民族的国家。从文化传统来说，中华民族文化的多样性与同一性，是其根本特征。中华民族文化多样性表现在两个方面：一是民族文化的多样性，56个民族都有自己的独特传统，都有自己的文化特色；二是地域文化的多样性，中国地域辽阔，各地区均有自己的文化特色。即使是同一民族，不同地区的风俗习惯和语言也有较大的差异。较为典型的是汉民族文化，东西南北文化习俗的差异很大，八大方言的差异比许多民族语言间的差异还要大。而中华民族文化的同一性则表明四点，一是中华民族文化不是56个民族文化加在一起的总称，它是各民族、各地区文化在数千年的历史发展中逐步交融、整合而形成有机的文化整体。从历史上看，只要中华民族长期保持着整体的一致与和谐，就能在前进的道路上无往不胜，无坚不摧。二是各民族、各地区在长期的文化互动、交流中形成同质化和一体化现象，并逐步整合成一个具有共同价值取向的中华民族传统文化模式。三是各民族、各地区既认同本民族或本地区的文化，也认同中华民族文化。在这种双重认同中，认同中华民族文化或中华文化是最高层次的认同，也是最基本的认同；认同本民族、本地区的文化是第二层次的认同。四是各民族、各地区选择普通话和中文作为共同交际的语言和文字。上述这些就是中国社会发展的现实,反映在文化传承和发展上,就是如此。

对此,已故的著名社会学家、民族学家费孝通先生曾作出“中华民族多元一体”的科学论证。费孝通先生认为,中华民族作为一个自觉的民族实体,是在近百年来中国和西方列强对抗中出现的,但作为一个自在的民族实体则是几千年的历史过程所形成的。中华民族是由许许多多分散孤立存在的民族单位,经过接触、混杂、联结和融合,同时也有分裂和消亡,形成一个你来我去、我来你去,我中有你、你中有我,而又各具个性的多元统一体。在相当早的时期,距今约三千年前,在黄河中游出现了一个由若干民族集团汇集和逐步融合的核心,被称为华夏,它像滚雪球一般越滚越大,把周围的异族吸收进入了这个核心。它在拥有黄河和长江中下游的东亚平原之后,被其他民族称为汉族。汉族继续不断吸收其他民族的成分而日益壮大,而且渗入其他民族的聚居区,构成起着凝聚和联系作用的网络,奠定了以这个疆域内许多民族联合成的不可分割的统一体的基础,成为一个自在的民族实体,经过民族自觉而称为中华民族。

我们认为,费孝通先生的观点论证符合中华民族的文化发展历史。中国共产党遵循了马克思主义民族观,也是在中华民族多元一体思想基础上，治理这个多民族统一的国家的。实行民族区域自治这一基本政治制度，体现了中国共产党在治理多民族国家的制度创新。也正是在这一基础上，提出的“两个共同”：共同团结奋斗，共同繁荣发展；“三个离不开”：汉族离不开少数民族，少数民族离不开汉族，各少数民族之间也互相离不开；“四个认同”：对伟大祖国、对中华民族、对中华文化、对中国特色社会主义道路认同；“五个维护”：维护社会主义民主、维护社会主义法制、维护人民群众根本利益、维护祖国统一、维护民族团结；从而得到了56个民族的赞同、支持和拥护。

从上述观点出发，我们也应该看到，中华民族优秀传统文化是汉族和各少数民族优秀传统文化的集合。中华民族优秀传统文化至今仍熠熠生辉，各少数民族优秀传统文化起着不可替代的作用。这样的事例可谓比比皆是。例如，注重和保护生态文明，往往就是少数民族的生产方式，也融入了少数民族的血液里，具有普遍性。少数民族注重和保护生态文明，是与他们生存和发展息息相关的。他们将对山川河流的自然崇拜、敬畏和尊重，融入了民族宗教里面。从现代社会的视角看少数民族的生态文明传统，有许多是可以继承和发扬光大的，值得学习和总结。

自古以来，少数民族始终是生态环境的爱护者和保护者。之所以如此，是因为这里就是他们的家，是他们生于斯、长于斯，赖以生存的家园。

少数民族地区生态环境的保护观念，历史悠久，表现在民族习俗和生产方式之中。应该说，重视生态环境、爱护生态环境的意识，深深地渗透在少数民族的骨子里和血液中。

例如，中国北方少数民族的原始宗教——萨满教，它是一种自然宗教，其中有一套调适生态平衡、协调人与自然以及植物之间和谐关系的生态调控机制，其生态环境观中蕴含着人只能适应环境、与环境和谐共生才能维持人类自身美好生活的朴素的生态哲学观念和生态伦理思想。这一自然宗教，在北方少数民族中信奉的时间最长远，至今还有一定的影响。

又例如，少数民族对山的保护，是和对山的崇拜相连的。在藏族和蒙古族人的心目中，山往往是神的象征。鄂伦春族对山神的崇拜的风俗，仍保留到现在。他们祭祀山神的场地，一般设在山巅。有的部落规定在神山上不准打猎、采药、开垦，不准在神山、泉水、神湖里便溺。侵犯神山、神树者，是要被惩罚的。

同样，对土地的保护，也由于对土地神的敬奉。蒙古族宗教中有不少有关限制乱挖洞、乱动土的习俗。萨满教关于祭山、祭地、祭敖包等祭祀，充满了对土地的赞美和爱护。“其国禁草生而掘地者，遗火而烧草者，诛其家。”藏族出于对土地的珍惜，也有禁忌。动土须先祈求土地神；随意挖掘土地是禁止的，而且要保持土地的纯洁性。

少数民族也注重对水源和河流的保护。水是神圣的。藏族祭湖活动的历史源远流长。青海湖及西藏的纳木错湖都是藏区的神湖，绝对禁止污染水流。按照藏族的习俗，青苗出土至收割结束前，不准在河里洗澡、洗衣服，以防因污染河水而触怒神灵、招致天罚。“逐水草而居”的蒙古族，认为水是极为纯洁的，严禁以任何方式污染它。

维吾尔族有崇水、珍惜水和保护水源的信仰，认为“向饮用水里倒垃圾、污染水是一种恶行”；“若水被污染，土地和农作物都会被污染”；“在饮用水源里小便是最严重的罪恶，就会使小便失禁或尿道疼痛”。

哈尼族在对水资源的保护和利用上独具匠心。其特有的方法就是将高山密林中凹潭和溪流的水，引入盘山而下的水沟，水沟迂回曲折流经层层梯田。每块梯田根据其面积规定用水量，然后通过一个木槽，将水引入田中。

西南少数民族非常重视对各种动物尤其是鸟类的保护。例如，在云南鹤庆县西山一带的白族中有“祭鸟节”。清明节前后，人们用唱歌来赞颂鸟类给人类带来的好处，把食物撒在草坪上供鸟类抢食。

西南少数民族对自然资源合理利用的例子不胜枚举。“刀耕火种”带有土地轮歇的性质，有利于土地资源的良性循环，也有利于森林植被的恢复生长。居住在云南红河沿岸的哈尼族、傣族，有的村寨分为上村和下村，分别在夏、冬两季实行土地和牧草轮歇。

上述事例表明，与宗教和民族习俗紧密相连的生态环保意识，是积极向上的。社会存在决定社会意识，同时，社会意识也反作用于社会存在。沧海桑田，在相当长的历史岁月中，少数民族地区的生态环境是良好的，生活在这一地区的少数民族和自然的关系是和谐的。历史文献对此情景已有许多记载，证明了少数民族对中华民族优秀传统文化的卓越贡献。

三、核心价值观的每一组关键词都有优秀传统文化的强力支撑

"富强、民主、文明、和谐，自由、平等、公正、法治，爱国、敬业、诚信、友善"，分国家、社会、个人三个层面概括了社会主义核心价值观。这二十四个字、每一组关键词都有优秀传统文化的强力支撑。由于本丛书将分别从国家、社会、公民三个层面专论核心价值观与传统文化的关系，故在此简略阐述。

（一）每一组关键词都可以在传统文化中找到它的胚胎、萌芽和果实

1.富强、民主、文明、和谐

富强。我国自古以来，人们都有对国家富强的期盼和过上殷实富足生活的愿望，并为此进行过不懈的探索。富强的思想，在中国的古籍中即有反映。《论语·述而》："富而可求也，虽执鞭之士，吾亦为之。如不可求，从吾所好。""政之急者，莫大乎使民富且寿也。"《荀子·王制》："故王者富民，霸者富士，仅存之国富大夫，亡国富筐箧，实府库。筐箧已富，府库已实，而百姓贫：夫是之谓上溢而下漏。"《管子》："主之所以为功者，富强也。故国富兵强，则诸侯服其政，邻敌畏其威。"《史记·李斯列传》写道："孝公用商鞅之法，移风易俗，民以殷盛，国以富强，百姓乐用，诸侯亲服。"

民主。古代中国，民主主要表现为民本思想。周朝从商朝的覆灭中认识到"天命靡常"，看到了正是因为人民的武装倒戈，才使西周打败了商王朝，这是"天惟时求民主"，"民之所欲，天必从之"，"天视自我民视，天听自我民听"。既而提出"皇天无亲，唯德是辅"，"敬德"才可以"保民"。春秋战国时期民本思想主张多出，如"政之所兴，在顺民心，政之所废，在逆民心"；"得齐民心"，"民众归之如流

水”。孔子提出的“节用而爱人,使民以时”;孟子主张“民为贵,社稷次之,君为轻”,告诫统治者“爱民”“利民”。又如西汉戴圣《礼记·礼运》云:“大道之行也,天下为公,选贤与能,讲信修睦。……是谓大同。”等等。再如,唐太宗教育太子李治,将舟比为人君,水比为黎庶。水能载舟,亦能覆舟。

文明。传统文化的文明思想非常丰富。文明一词竟有八九种解释之多。例如:文采光明、文采、文德辉耀、文治教化、文教昌明、明察、有文化、新的和现代的、合乎人道的,等等。《易传·乾·文言》:“见龙在田,天下文明。”孔颖达疏:“天下文明者,阳气在田,始生万物,故天下有文章而光明也。”南朝宋鲍照《河清颂》:“泰阶既平,洪水既清,大人在上,区宇文明。”唐李白《天长节使鄂州刺史韦公德政碑》:“以文明鸿业,授之元良。”明宋应星《天工开物·陶埏》:“陶成雅器,有素肌玉骨之象焉。掩映几筵,文明可掬。”清钮琇《觚賸·石言》:“予既喜身亲古人未言之见闻,复重慨夫文明之璞一旦割裂而出,天地真蕴,山川元气,渐至竭耗。”

和谐。在传统文化中,“和谐”一词主要是指和睦协调;使和睦协调;配合得匀称、适当、协调;和解、和好相处。在人与自然关系上,主张天人合一,寻求人与自然和谐相处。我国古人普遍认为,人是自然的产物和重要组成部分，只有顺应自然、尊重自然规律，才能实现人与自然的和谐相处。儒家指出，人与自然（天）是一个和谐的整体。自然包容万物，永远在发展变化之中，人也应体现这一特点。这就是所谓的“天行健，君子以自强不息；地势坤，君子以厚德载物”。道家强调人必须顺应自然，以自然为最高法则，做人处事皆以自然为师，即“人法地，地法天，天法道，道法自然”。我国传统文化还主张珍惜自然资源、保护生态环境，对自然资源进行合理利用。例如，老子将“俭”作为立身处世的“三宝”之一；儒家提出“钓而不纲，弋不射宿”，即钓鱼不要用网截住水流一网打尽，打猎射鸟时不要射鸟巢，等等。这些都体现了“取物不尽”的朴素生态道德和可持续发展思想。在人与人关系上主张和而不同，寻求人与人之间在保持差异的基础上达成统一与和谐。我国传统文化崇尚和谐、追求和谐，但这种和谐并不等于无原则的调和，更不等于泯灭差别的同一，而是“和”与“不同”的统一，是“和而不同”。《国语·郑语》载史伯语云：“以他平他谓之和，故能丰长而物归之；若以同裨同，尽乃弃矣。”

2.自由、平等、公正、法治

自由。中国古代就有关于自由的论述。如庄子在《逍遥游》中就表现了人格自由、不为物役的自由价值理想。庄子的“道”是人的心灵在自我超越中所达到的最高的存在状态。这种状态不是纯粹主观的，而是主客、内外合一的，因而才是自由的。所谓自由就是与“道”合一，“与天地精神往来”。庄子哲学以“无我”“忘我”的心灵境界为人生的真正自由。

平等。儒家将“仁”视为最重要的道德原则，主张“己欲立而立人，己欲达而达人”。《论语》里讲“性相近也，习相远也”，认为人的本性是相近的，承认别人是与自己一样的人。墨子宣扬兼爱，主张“视人之国，若视其国；视人之家，若视其家；视人之身，若视其身”，倡导不别亲疏、不分远近的“无差等之爱”。理想境界是：“天下之人皆相爱，强不执弱，众不劫寡，富不侮贫，贵不敖贱，诈不欺愚。”韩愈在《原道》里提出了“博爱之谓仁”。北宋农民起义领袖王小波提出“均贫富”的主张，南宋钟相起义提出“法分贵贱、贫富，非善法也，我行法，当等贵贱，均贫富”。太平天国领袖洪秀全提出“有田同耕，有饭同食，有衣同穿，有钱同使，无处不均匀，无处不保暖”。康有为在《大同书》中，描绘了一个没有国家、阶级、种族、贵贱的区别，消灭了战乱与贫穷，人人平等、人人幸福、天下为公的大同世界。

公正。中国古代思想家把“行道”公正视为成霸天下的前提，因而“公”的“公正”义用得十分普遍。如《尚书》说：“无偏无党，王道荡荡，无党无偏，王道平平。”（《尚书·洪范》）不偏邪不结党，公平广大，可得人心，为王之道便广远而平易。又如《礼记》说:“大道之行也,天下为公。”(《礼记·礼运》)行王之大道,即以天下为公。《吕氏春秋》也以“公正”为“公”义。所谓“昔先圣之治天下也,必先公。公则天下平矣,平得于公,尝试观于上志,有得天下者众矣,其得之以公,其失之必以偏,凡主之立也,生于公”。(《吕氏春秋·重己》)圣王治理天下以“公”,“公”的结果是天下太平;圣王得天下也以“公”,“公”才能得人心。此处所言“公”,当然是想天下之所想、利天下之所利之“公正”义。

法治。管仲《管子·任法》有言曰:“君臣上下贵贱皆从法,此之为大治。”商鞅:“人主为法于上。”(《商君书·定分篇》)商鞅主张“壹刑”,即“刑无等级,自卿相将军以至大夫庶人,有不从王令、犯国禁、乱上制者,罪死不赦。”他把这种主张施之于法律实践。战国时期法家著名人物慎到说:“法者,所以齐天下之动,至公大定之制也。故智者不得越法而肆谋,辩者不得越法而肆议,士不得背法而有名,臣不得背法而有功。我喜可抑,我忿可窒,我法不可离也;骨肉可刑,亲戚可灭,至法不可阙也。”(《慎子·逸文》)晋代法学家刘颂说:“夫人君所与天下共者,法也,已令四海,不可以不信为教,方求天下之不慢,不可绳以不信之法。”“法轨既定则行之,行之信如四时,执之坚如金石。”(《全晋文·上疏言断狱宜守律令》)

3.爱国、敬业、诚信、友善

爱国。《战国策·西周策》:"今秦虎狼之国也,兼有吞周之意…… 周君岂能无爱国哉?"晋·葛洪《抱朴子·广譬》:"烈士之爱国也如家。"宋代曾巩《和酬赵宫保致政言怀》之二:"爱国忧民有古风,米盐亲省尚嫌慵。"清代汪懋麟《奉送益都公致政归里》:"爱国心难尽,忧时色每形。"此外,古代的名人诗句也有很多,例如:司马迁"常思奋不顾身,而殉国家之急";班固"爱国如饥渴";曹植"捐躯赴国难,视死忽如归";李白"中夜四五叹,常为大国忧""国耻未雪,何由成名?";李希仲"当须徇忠义,身死报国恩";范仲淹"先天下之忧而忧;后天下之乐而乐";岳飞"以身许国,何事不敢为?";陆游"夜视太白收光芒,报国欲死无战场!""位卑未敢忘忧国""一身报国有万死,双鬓向人无再青";文天祥"人生自古谁无死,留取丹心照汗青";顾炎武"天下兴亡,匹夫有责";等等。

敬业。《礼记·学记》里提到"敬业乐群",侧重讲的是学业成就。《论语·学而》里则说:"道千乘之国,敬事而信,节用而爱人,使民以时。"将敬业的重要性提到治国的高度。诸葛亮一生不辞辛苦,兢兢业业,为国为民,呕心沥血,实现了他《出师表》中所说的"鞠躬尽瘁,死而后已"的诺言。宋代朱熹将敬业解释为"专心致志,以事其业"。近代思想家梁启超在他的《敬业与乐业》一文中指出:"敬业主义，于人生最为必要，又于人生最为有利。”著名教育家蔡元培先生则有明确的解读：“人生之目的，为尽义务而来。每人必有一定职务，必做一番事业，此谓之职业……今之人误解职业，以得权利为唯一目的，实则不然。重在义务，不仅有益自身，且须有益于人群，始不辜负此人生。”

诚信。《礼记·祭统》：“是故贤者之祭也，致其诚信，与其忠敬。”《北齐书·尧雄传》：“雄虽武将，而性质宽厚，治民颇有诚信。”《新唐书·曹华传》：“华虽出戎伍，而动必由礼，爱重士大夫，不以贵倨人，至厮竖必待以诚信，人以为难。”叶适《太府少卿李公墓志铭》：“故参知政事吴兴李公，以诚信质直事孝宗。”“诚”与“信”作为伦理规范和道德标准，起初是分开使用的。孟子说：“诚者，天之道也，诚之者，人之道也。”《中庸》中也说：“诚者天之道，诚之者人之道。”“信”的基本含义是指遵守承诺，言行一致，真实可信。最先将“诚”与“信”连在一起使用的是在《逸周书》中：“成年不尝，信诚匡助，以辅殖财。”“父子之间观其孝慈，兄弟之间观其友和，君臣之间观其忠愚，乡党之间观其信诚。”

友善。《论语》：“与朋友交”；《论语·学而》：“子曰：‘学而时习之，不亦乐乎？有朋自远方来，不亦乐乎？人不知而不愠，不亦君子乎？”《论语·述而》：“择其善者而从之，其不善者而改之”。孔子仁学思想的“友”居于重要的位置,如“以文会友”“以友辅仁”“以友天下”,提出“益者三友,损者三友”:“友直,友谅,友多闻,益矣;友便辟,友善柔,友便佞,损矣”。孟子强调:“取诸人以为善,是与人为善者也,故君子莫大乎与人为善。”老子说:“上善若水。水善利万物而不争,处众人之所恶,故几于道。居善地,心善渊,与善仁,言善信,政善治,事善能,动善时。夫唯不争,故无尤。”(《道德经·第八章》)司马光《潜虚》:“君子相友,道德以成”。《国语·晋语》:“善,德之建也。”《左传》:“其所善者,吾则行之;其所恶者,吾则改之。”

(二)社会主义核心价值观是对优秀传统文化的集大成

我们通常说,社会主义核心价值观不是天上掉下来的,说的是它源远流长,是对中华民族优秀传统文化的集大成。

2014年2月,习近平总书记在中共中央政治局第十三次集体学习上的讲话中指出:“中华文化源远流长,积淀着中华民族最深层的精神追求,代表着中华民族独特的精神标识,为中华民族生生不息、发展壮大提供了丰厚滋养。”我们看到,中华民族优秀传统文化,为社会主义核心价值观的确立,提供了取之不尽、用之不竭的思想源泉和丰富养料,这些也证实了中华民族优秀的传统文化基因,历久弥新，具有勃勃生机。我们当然决不能数典忘祖，而是要关注、吸收、继承、利用这些宝贵财富。

中华优秀传统文化是社会主义核心价值观的源泉。弘扬优秀传统文化，是深入践行社会主义核心价值观的重要途径。图为小学生在非物质文化遗产博览园体验木偶戏

社会主义核心价值观24个字、每一层面4个关键词，虽然有些直接或间接地来自优秀传统文化，但是不能简单地重复或套用。我们说是对优秀传统文化的集大成，其中就包括对它们的创新和改造，在新的历史条件下，赋予其新的内容和意义。有些关键词可能相仿甚至一模一样，但

是时代不同了，它们的内容和意义也发生了变化。对此，我们需要从前面阐述核心价值观的历史性、时代性、阶级性等方面去理解和把握，这样，就比较容易认识社会主义核心价值观与中华民族优秀传统文化的关系。

无疑，社会主义核心价值观是对中华民族优秀传统文化的继承。事实上，我们还应看到，社会主义核心价值观是对中华民族优秀传统文化的超越和发展。无论从思想内容还是时代高度来看，社会主义核心价值观都远远超越了中华优秀传统文化。一是体现了传统与现代的统一。这些关键词在传统文化中在不同时期有不同的内容和意义，随着社会变迁和时代发展，特别是在社会主义社会，又有更新的内容和阐释。二是体现了继承与超越的统一。社会主义核心价值观虽然是继承了中华民族优秀传统文化，但不是简单地照抄照搬，而是在原有思想基础上的进一步升华，显示了与时俱进和时代的超越性。三是体现了民族性与时代性的统一。社会主义核心价值观体现了中国风格和中国气派，具有民族性；同时，它也是在世界发展的大背景下，包括借鉴西方文明成果的背景下，而彰显时代性的，因而也是民族性和时代性的统一。

（三）社会主义核心价值观彰显了东方和中国文明的魅力

如前所述，社会主义核心价值观以中华民族优秀传统文化为养料、为源泉，因而，我们不能数典忘祖；不能忘记中华民族的历史，不能丢弃民族之魂，不能失去民族之根。清代学者龚自珍说："欲要亡其国，必先灭其史，欲灭其族，必先灭其文化"，说明文化血脉对于一个国家和民族的重要意义。任何一种牢固的核心价值观，都有其固有的根本。这个根本，就是一个国家和民族的文化。中华优秀传统文化，是中华民族独特的性格气节所在，是中华民族的精神魂魄所系，是我们在世界民族之林中站稳脚跟的根基，如果我们抛弃了优秀传统文化，就是放弃了根本。

在现实社会中，社会主义核心价值观属于中华民族的精神和思想，属于世界东方文化和东方文明，具有自己的特质，与西方文化和西方文明相比较，具有自己独特的文明魅力。在世界文明发展史上，曾有一段时期所谓"西方文明中心论"的思想和观点甚嚣尘上，极力贬低中国和亚洲等世界东方的文明进步，企图完全压倒和取代东方文明，这个思想和观点不仅是错误的，也是极不现实的。世界文明发展本来是丰富多彩的，东方文明因具有自己独特的魅力而立于世界民族文化的大家庭。事实上东西方两种文明各有千秋，各具特色。我们完全可以说，中国风景这边独好：社会主义核心价值观彰显了东方和中国文明的魅力。

现在国内有一种历史虚无主义思潮在涌动。这种思潮极力抬高西方文明，鼓吹西方“普世价值”高于一切。继而极力贬低东方文明特别是中华民族灿烂的传统文化，实行自我否定。这种社会思潮不仅否定了中国共产党建党以来的革命斗争史，而是对所有不适合西方“普世价值”的中国价值观，完全给予了负面评价或者自我贬低、妄自菲薄。这种唯西方马首是瞻的立场、观点和方法是极其错误的，也是完全有害的。反倒是西方某些政客和学者对中国文明和全世界东方民族的文明史给予了很高的评价。我们确实不能走极端，而是要与西方文明对话，相互借鉴，特别是积极发展自己的软实力，现在我们培育和践行社会主义核心价值观，可以说是正逢其时。

第四章　扬弃与超越

——社会主义核心价值观与世界文明成果

我们的核心价值观，属于现代中华文明，是中华文明在现时代的产物和具体体现。我们的核心价值观，是社会主义的核心价值观，是世界社会主义运动的产物和具体体现。从世界文明发展史的全局高度，认识我们的核心价值观时，还应看到它是世界文明的组成部分，也是世界文明现时代的产物；我们的核心价值观，借鉴了世界文明发展的成果，也为世界文明发展做出了重大贡献。

一、站在世界文明之巅：社会主义核心价值观与世界文明

在信息化和经济全球化时代，没有哪一个国家、哪一个民族，可以不与世界文明相联系，或者可以独往独来，置世界发展潮流而不顾。事实上，中国作为一个负责任的世界大国，改革开放以来，积极参与国际经济和政治秩序的

重建,维护世界和平,反对霸权主义,一心一意搞建设,与世界人民友好往来,为世界文明发展已经做出了重大贡献。其中,社会主义核心价值观的确立,就是中国共产党作为执政党向世界做出的承诺,是中华民族大家庭每一个成员努力践行的宣言,代表了中国人民的心声。

(一)中国文明属于世界文明,中国的社会主义核心价值观属于中国人民,也属于全世界

如前所述,中华文明属于世界文明,是世界文明发展的组成部分。因此,我们的核心价值观,属于中国人民,更属于全世界。

一般说来,属于中国人民和中华民族,这容易理解,因为这是我们自己的东西。那么,怎样理解我们的核心价值观属于世界文明呢?

首先,要认识到世界文明不是孤立存在的。世界文明既不是某一个国家的文明,也不是某一地区的文明,而是地球上所有国家和所有民族为之发展做出贡献的文明总和。换言之,世界文明既不是西方文明,也不是欧洲文明,更不是美国文明;当然也不是东方文明、亚洲文明和中国文明。它是世界各个国家和民族共同形成的文明。

也可以这样说,世界文明不是单一的,而是多元的。

根据世界考古学的最新成果,我们看到,“由化石发现

的地点，可以知道古人类的地理分布及其所处的地质时代和生活环境。在各种化石中，头骨化石是最重要的。一般动物的面颅比脑颅大得多；人类则相反，脑颅要比面颅大得多。原始人和现代人比较，差别可以说主要就集中在头骨上。如原始人的头盖骨比现代人厚得多。正因为研究人类的头骨化石最能了解古人类的形态特点和体质发展水平，因而人类学工作者，对于寻找完整的人头骨化石特别重视。完整人头骨化石的发现，被认为是人类学研究中的一项重大成就。100 多年以前，科学家已经注意到用人类化石为证据，来探讨人类进化的历史。在人类学和考古学中，文明是指有人居住，有一定的经济文化的地区，例如两河文明、黄河文明。也可以指文化类似的人群，例如基督教文明、儒家文明。文明出现的判定标准，主要是城市（人群聚集）的出现，文字的产生，国家制度的建立。文化变迁对于文明的产生有很大的作用。"据此，有学者认为，"当今世界的人类文明可以分为三个世界。第一世界的第一名是西方现代文明，第一世界的第二名是伊斯兰文明，第一世界的第三名中华文明。也就是说西方现代文明、伊斯兰文明和中华文明是世界文明中的第一世界。第二世界的综合排名是斯拉夫文明、印度文明、非洲文明、日本文明、拉美文明。其他的属于第三世界。"

上述这种说法是否完全科学暂且不论，起码是对世界历史舞台一直以西方文明为中心的论调的一种质疑和非议。事实上,世界文明是五彩缤纷的,不只是西方文明唱主角和领衔世界文明发展,而是此起彼伏、互相借鉴、渗透和传播发展的。大量的历史史料和考古新发现,已经证明了这一点。

在世界文明史上,曾有一个相当长的时期,欧洲中心论占领了主流地位。实际上,这是一种狭隘、错误的世界观和文明史观。“欧洲中心论”,也称欧洲中心主义(Eurocentrism),是一种从欧洲的角度来看待整个世界的,自觉或下意识地感觉到欧洲对于世界的优越感。这种观点认为欧洲具有不同于其他地区的特殊性和优越性,因此欧洲是引领世界文明发展的先锋,也是非欧地区迈向现代文明的灯塔。欧洲中心论是资本主义凭借其经济的、政治的优势向全球扩张的产物,是西方资产阶级为自己主宰世界制造历史合法性的说教。它出现于十八世纪中后期,在十九世纪得以发展,并且最终形成一种人文科学领域的思想偏见。

这种狭隘的世界观和历史观,让欧洲无视历史真相的存在,也忽视其他地区的文明贡献,因而导致欧洲对西方以外的世界缺乏理解,也不能正确认识自己,最终造成整个世界,包含学术界在内,长久以来都是以西方意识作为主体意识的现象。很多国际标准(如本初子午线、公元纪年、拉丁字母)都包含欧洲中心主义。

欧洲中心论者认为文明的意义与价值都必须由欧洲界定,因为只有欧洲的发展是既具有独特性,又具有普世性。这种以欧洲为标杆的发展观,虽然明显地暴露出忽视其他文明的谬误,但是却为欧洲的全球政治与经济扩张建立了合理性,因此在当时的欧洲广为接受与支持,并且后来成为纳粹德国建立'雅利安神话'的根据,及日本借用为推动其"大东亚共荣圈"的立论基础。

欧洲中心论后来逐渐演变为西方中心论,以至于以此为基础的西方霸权主义及其到处推行的"普世价值",力图强加于世界人民头上的所作所为,也与这一错误思想和主张相关联。

我们的价值观主张尊重世界各国人民的文化传承,尊重他们的价值观并一起为世界文明发展做出自己的贡献。这样一来,我们肯定是反对欧洲中心论,反对把西方文明凌驾于世界文明之上。

我们的核心价值观主张尊重各国各民族文明。2014年9月24日习近平总书记在在纪念孔子诞辰2565周年国际学术研讨会暨国际儒学联合会第五届会员大会开幕会上的讲话中指出:"文明特别是思想文化是一个国家、一个民族的灵魂。无论哪一个国家、哪一个民族,如果不珍惜自己的思想文化,丢掉了思想文化这个灵魂,这个国家、这个民族是立不起来的。本国本民族要珍惜和维护自己的思想文化,也要承认和尊重别国别民族的思想文化。不同国家、民族的思想文化各有千秋,只有姹紫嫣红之别,而无高低优劣之分。每个国家、每个民族不分强弱、不分大小,其思想文化都应该得到承认和尊重。”

因而,我们的核心价值观,强调承认和尊重本国本民族的文明成果,不是要搞自我封闭,更不是要搞唯我独尊、“只此一家,别无分店”。我们主张各国各民族都应该虚心学习、积极借鉴别国别民族思想文化的长处和精华,这是增强本国本民族思想文化自尊、自信、自立的重要条件。

(二)我们心连心、手挽手,追求的是人类“共同价值”,不是西方“普世价值”

我们的价值观,是世界文明的组成部分,是对人类“共同价值”的追求和贡献。我们追求的是真正的世界大同。我们不承认凌驾于世界各国的西方“普世价值”。但是,我们认为世界各国人民在追求“真、善、美”的过程中,具有共同价值。中国人民和世界人民心连心、手挽手,追求的是人类“共同价值”,不是西方“普世价值”,这是毋庸置疑的,也是应该说清楚的。

2015 年 9 月 28 日,习近平总书记来到纽约联合国总部,出席第七十届联合国大会一般性辩论,发表了题为《携手构建合作共赢新伙伴　同心打造人类命运共同体》的讲话，他说："和平、发展、公平、正义、民主、自由，是全人类的共同价值，也是联合国的崇高目标。目标远未完成，我们仍须努力。当今世界，各国相互依存、休戚与共。我们要继承和弘扬联合国宪章的宗旨和原则，构建以合作共赢为核心的新型国际关系，打造人类命运共同体。"

推动中华文化与世界各国文化平等交流与合作，增进人民之间理解和认同，提倡全人类的共同价值。图为中国书画家与美国孔子学院学生在各自书写的福字前合影

习近平总书记提出的全人类的"共同价值"，是世界文

明的成果，这些“共同价值”，不是属于某一个国家或阵营的“专利”，不可以任由西方国家随意解释或为自己辩护；而是世界各国人民共同努力追求并不断创造出来的，从本质上看是同一的。但是，它们同时又都具有不同国家、不同民族自己的特色，体现了普遍性和特殊性的统一。有些人主张用西方“普世价值”取代人类共同价值，不仅在学理上说不通，在实践上也做不到，是不可行的。

我们的社会主义核心价值观，属于世界文明，是对人类共同的价值的借鉴、吸纳和发展，是在与全人类共同的文明成果即“共同价值”相互交流、相互学习、相互借鉴，并在融合中不断丰富、创新和发展的成果。

（三）命运共同体需要共同的价值观

我们看到，当今世界仍然存在着不同国家利益、不同宗教信仰、不同意识形态、不同社会制度的分歧甚至对立，但无论怎样，我们是共同的人类，人民才是历史活动的主体。不同信仰、制度和民族国家可以和平共处、有序竞争，让共同利益压倒分歧对立，让人类理性选择世界的未来。

2012 年 11 月，党的十八大报告提出，“这个世界，各国相互联系、相互依存的程度空前加深，人类生活在同一个地球村里，生活在历史和现实交汇的同一个时空里，越来越成为你中有我、我中有你的命运共同体。”

2013年3月，中国国家主席习近平在莫斯科国际关系学院演讲，第一次向世界传递对人类文明走向的中国判断，指出当今世界，各国相互联系、相互依存的程度空前加深，人类生活在同一个地球村里，生活在历史和现实交汇的同一个时空里，越来越成为你中有我、我中有你的命运共同体。此后，习近平数十次谈到"命运共同体"。习近平对命运共同体的不断阐释，把握人类利益和价值的通约性，在国与国关系中寻找最大公约数。

人类命运共同体，体现于以合作共赢为核心的新型国际关系。中国告诉世界，"要跟上时代前进步伐，就不能身体已进入21世纪，而脑袋还停留在过去，停留在殖民扩张的旧时代里，停留在冷战思维、零和博弈老框框内"。

迈向命运共同体，必须坚持各国相互尊重、平等相待。就需要在人类"共同价值"的基础上，尊重各国自主选择的社会制度和发展道路，尊重彼此核心利益和重大关切，客观理性看待别国发展壮大和政策理念，努力求同存异、聚同化异。要共同维持世界和平反对干涉别国内政，反对为一己之私搞乱地区形势。

这样，人类"共同价值"就成为"命运共同体"的需求。需要世界各国人民共同努力去建构、呵护、完善，而中国人民无论过去、现在、将来，都会积极做出自己的贡献。现在我们积极主张和努力践行的社会主义核心价值观，是和世界人民的心相通的，得到了他们的认可和支持，我们将不断创造崭新的实践成果，让世界人民来见证。

二、社会主义核心价值观与西方“普世价值”有何不同？

在现实中，我们还需要具体阐述和说清楚，我们的核心价值观与西方“普世价值”有何不同。因为在我们核心价值观的24个字、12组词中，也有民主、自由、平等、公正。有人认为，这是西方“普世价值”早已有的，我们只不过照抄照搬而已。事实是这样的吗？答案是否定的。

（一）核心价值观的民主、自由、平等、公正与西方“普世价值”的民主、自由、平等、公正的联系和区别

我们的核心价值观与西方“普世价值”，从字面上看，有一些词语一样，用的是同一个词。例如民主、自由、平等、公正。从价值观的主张和倡导的原因上看，是针对不民主、不自由、不平等、不公正现象或现实，提出来的；从提出的目的来看，是想达到和实现民主、自由、平等、公正；从针对性来看，例如针对奴隶制或封建统治者阶级的不民主、不自由、不平等、不公正，比较相一致的，都持反对的立场和观点。从以上几点来看，应该可以说，我们的核心价

值观与西方“普世价值”有联系、有相一致之处。但是在本质上却有很大的不同之处。更多的是不同点。

从历史性来看。如前所述,我们认为价值观有其历史性。不同历史时期,有不同的价值观。因为价值观是生活在不同历史阶段的人们的价值取向或价值愿望,都必定反映着社会历史发展不同阶段的特征。“民主”的价值观,在古希腊时期即已出现。但是这一“民主”只是针对奴隶主而言的。“民主”只是奴隶主们才能配享有的“奢侈品”;广大奴隶们只能依附在奴隶主贵族周围,过着“不民主”的生活。即便是在奴隶主阶级内部、在古希腊城邦上层的“民主”,也有很大的局限性。苏格拉底因在民众中讲授哲学、美学、伦理学,被当作“蛊惑人心”,被处死在监狱中,用的就是“民主”的名义。对于“自由、平等、公正、法治”,也是如此。柏拉图也讲“公正”,但他所理解的公正是统治阶级、保卫者与劳动人民各司其职、不僭越。“自由”只是少数自由民的特权。即使被认为实行民主制的雅典,也不是人人拥有同样的“自由”。亚里士多德甚至认为奴隶只是会说话的工具。到了封建社会,无论是在中国或外国,统治阶级和被统治阶级也根本不存在同样的“民主、自由、平等、公正”。

从阶级性来看。我们在前面阐述过,说价值观、核心价值观是从属于世界观、人生观、历史观的。它们都属于意识形态。我们的核心价值观是社会主义的核心价值观；而西方“普世价值”，是资产阶级、资本主义的核心价值观。两种价值观的阶级基础、阶级立场、服务对象、追求目标，都是不同的。作为社会主义核心价值观，根基是社会主义基本经济制度，强调以公有制为主体、多种所有制经济共同发展，强调以按劳分配为主、按资分配和其他要素分配为辅，主张最广大人民群众的共同富裕，代表和反映多数人的利益；而资产阶级、资本主义的核心价值观，强调和主张的是金钱选举和金钱政治，维护的是数量上占少数却占有绝大部分社会财富的统治集团的利益，不仅剥削最底层工人阶级，而且不断侵蚀中产阶级的利益，而成为越来越富有甚至富可敌国的利益集团。这部分人的核心价值观和本国最广大民众的核心价值观甚至基本理念都有很大不同，就更谈不上和社会主义核心价值观加以比较了。

从时代性来看。马克思说过，历史不外是各个世代的依次交替。每一代都利用以前各代遗留下来的材料、资金和生产力。物质生产是如此，精神生产更是如此。我们在前面也说过，核心价值观从属于世界观，反映了时代精神的精华，是在哲学世界观的高度上，进行抽象和提炼的。一般说来，核心价值观都顺应了时代的需要，是人类文明成果在那个时代的反映。现在，我们对时代主题的判断，仍然是和平与发展。这是现时代的主要问题，和平依然是东西问题，发展也依然是南北问题。对于时代主题的判断，我们和西方发达资本主义国家也有不同的时代观和发展观。尽管我们一再主张命运共同体，强调合作共赢。但是，由于我们是发展中国家，还处在工业化发展阶段，而与西方发达国家在处理国际经济和政治问题上，存在较大的分歧。它们对第三世界发展中国家的发展，基本上是遏制甚至打压，转嫁生态污染产品，甚至把生态恶化的罪名扣在发展中国家头上。可以想见，尽管表面上在核心价值观的词语上有些相似，但是在本质上是有很大的不同的。在战争问题上，我们强调维护世界和平，不搞霸权主义，即便将来强大了，也永远不称霸。但是，某些西方资本主义国家总想当世界警察，到处干涉别国内政，挑起各种争端，制造地区动荡。也可以想见，社会主义核心价值观和西方"普世价值"怎么会合流共舞呢？

从根本上说，社会主义和资本主义是两种不同的社会制度。在现时代，社会主义需要和资本主义打交道，需要合作。但是斗争从来没有停止过。应该说，社会主义和资本主义既是合作关系，也是斗争关系。从人类社会发展的长河来说，按照马克思主义的观点，科学社会主义必然取代资本主义、战胜资本主义、超越资本主义。也就是说，社会主义和资本主义还是超越和被超越的关系。现在，随着中国特色社会主义的和平发展，带动了第三世界发展中国家，呈不断上升的良好态势。而资本主义世界的经济、政治危机不断，暴露出来的问题越来越多，矛盾越来越尖锐。因此，反映现时代的社会主义核心价值观，也呈世界文明“正能量”的上升态势，得到世界人民的支持和认可。

（二）抵制和反对西方“普世价值”的传播和渗透

从上面的阐述来看，我们可以进一步得出这样一个结论：从现时代来说，西方资本主义国家极力兜售和推行的“普世价值”，是和社会主义核心价值观相对立的。它们之所以强调“普世”，就是要把自己的价值观强加于世界各国人民，企图以所谓“软实力”将别国的意识形态取而代之。因此，社会主义核心价值观不但不能接受西方的“普世价值”，而且必须坚决抵制和反对西方“普世价值”的渗透。

目前在中国，随着中国特色社会主义主流意识形态建设的不断加强，与之互动和激荡的各种社会思潮也不甘示弱。特别是自由主义、新自由主义、民主社会主义、宪政主义（民主宪政）等思潮，极力鼓吹和宣扬西方“普世价值”。它们对西方“普世价值”顶礼膜拜，认为唯有西方“普世价值”能够解救中国和发展中国。还有历史虚无主义思潮，也在推波助澜，为推行西方“普世价值”站台。对于这些思潮，我们必须提高警惕，决不能让它们得逞。

事实上，就连西方一些思想家和学者，也认为西方极力推行“普世价值”，是一厢情愿的错误行动，指出西方向发展中国家渗透“普世价值”是错误的、不道德的、危险的。例如，亨廷顿就认为，当一种文明认为自己是普世文明时，往往是盛极而衰的开始。历史上的文明大国先后衰落，历史否定了一个又一个单一文明的“普世价值”。亨廷顿不认为西方文明在这方面有什么特殊，美国为首的西方正在重复历代文明古国衰落的轨迹。现代西方的势力在1920年到达顶点，从那时开始，西方的版图一直在缩小。大英帝国的日落早已成事实。而如保罗·肯尼迪所预言，随着非西方国家的兴起，美国为首的西方也在衰落中。二战后美国的制造业占了世界的50%，那是由于战争对其他国家的削弱，是非常态的；而今天中国已经成为最大的制造业国家，这是符合历史常态的，因为中国人口最多，直至1800年都是世界最大的生产国，而中国和伊斯兰世界走在对抗西方文化的前线，西方“普世价值”只是狭隘的“光荣与梦想”。

当然，我们在分析和判断西方“普世价值”时，绝不是完全彻底地加以否定，也要看到西方主流价值观的进步性和历史性。但是，这种进步性和历史性，都是相对的、有条件的。我们认为，除了西方主流价值观在当代崇尚科学发展、主张生态文明之外，其进步性和历史性主要是针对封建主义制度来说的。西方主流价值观，即通常所说的“普世价值”所主张的人权、民主、自由、平等，对于历史上封建专制制度，采取了批判的态度，给予否定，是有进步作用的。在人类发展历史上，无论是英国《大宪章》、法国的《人权宣言》、美国的《独立宣言》，都是对封建主义及其专制制度的否定，这是值得肯定的。但是，如果西方某些利益集团为了自己的利益，力图将自己对价值观的理解和认识，强加于世界各国人民，强调软实力的“普世”性，这是极其错误的，不仅违背历史，而且走到了自己所宣扬的价值观的反面，是历史的倒退。

（三）“无可奈何花落去”——揭示西方“普世价值”的虚伪性

鉴于上述，我们认为，进一步揭示西方“普世价值”的虚伪性，很有必要。这对于我们抵制和反对西方“普世价值”的渗透，保持清醒的认识，进一步加强社会主义意识形态建设，宣传和践行我们的社会主义核心价值观，具有重要的意义。

西方“普世价值”，不是今天才有、才开始流行的。中国人对于西方的“自由、民主、人权”，其实并不陌生，早已领教过。1840 年鸦片战争以后，中国逐步沦为半殖民地半封建社会，面对西方列强的船坚炮利，中国人处于到处挨打的境地。那时，西方列强也是打着所谓自由、民主、人权的旗帜来到中国的，名为给中国人带来光明，实际上却是割地和巨额赔款，这里面哪有自由、民主、人权的影子？或许对西方列强来说，侵略弱国和穷国，掠夺它们的资源和财富，才是捍卫和张扬了自己的自由、民主、人权；但是带给这些国家的一定是屈辱和苦难。可见，西方"普世价值"在本质上并不普世，而是专门为资本主义、帝国主义、霸权主义服务的。近代以来，中国无数革命先驱和进步人士，曾经试图从西方的"普世价值"中汲取文化和政治营养，甚至完全效仿和照抄照搬，结果是竹篮打水一场空，留下的是血和泪的教训。

西方"普世价值"所宣扬的自由、民主、人权，就是在西方社会，也是大打折扣甚至经不起推敲的。历届的美国大选，拼的都是金钱及实力背景。自由、民主、人权往往是政客们挂在嘴边的辞令和打的幌子。

近年来，在美国上演的一部电视剧《纸牌屋》（*House of Cards*），揭露了自由、民主、人权的虚伪性。该剧讲述一个冷血无情的美国国会议员及与他同样野心勃勃的妻子在华盛顿白宫中运作权力的故事。主人公是美国国会众议院多数党党鞭，是一个老谋深算的职业政客，他坚信新当选的美国总统及其幕僚背叛了他，于是发誓要将这一任总统赶下台，他不择手段地展开一系列部署，逐步实现自己的总统梦想。现在这部电视剧已上映第四季，长期在美国乃至全世界热播，据说时任美国总统奥巴马在个人社交网站上说："明天看《纸牌屋》，请大家别剧透。"大多数美国人都认为，《纸牌屋》是对美国政治生活的真实写照。现实的美国就是如此。据报道，《纸牌屋》将在2017年播出第五季。

许多年来，美国政界出现的种种丑闻，无情地鞭挞了"普世价值"，揭露了它的虚伪性。美国中产阶级和底层民众纷纷起来抗议政府及其背后的金融寡头，打出了"我们都是99%"的旗帜。2011年10月在华盛顿广场上的"占领华尔街"抗议运动，民众诉求是扩大就业机会，反战气势不断高涨，示威怒潮扑向白宫。据美国一家网站的统计数字显示，当时"占领华尔街"运动在美国已蔓延至1083个城市。不仅如此，"占领华尔街"还越过国境线，在英国、澳大利亚等国家掀起波澜。受"占领华尔街"运动影响，英国5000多人在首都伦敦的特拉法加广场参加反战游行；在东约克郡，数千名民众走上街头抗议失业。9日，约2500个抗议者阻断威斯敏斯特桥，呼吁英国上院拒绝政府关于国家医疗服务系统的改革计划。澳大利亚则通过社交网站，自发组织策划抗议活动，反对澳大利亚日益不公的社会现状。澳大利亚的网站上已陆续出现了"占领澳大利亚""占领墨尔本""占领悉尼""占领布里斯班""占领阿德莱德"等网页，以响应坚守在华尔街的抗议示威者。这些事例，是对西方“普世价值”的虚伪性提出的最有力佐证。

西方国家以推动“普世价值”的名义，先后在格鲁吉亚、乌克兰、吉尔吉斯斯坦这三个前苏联加盟共和国推动了“颜色革命”，导致这些国家政权更迭。从2010年底开始，西亚北非阿拉伯国家发生一系列以“民主”为号召的反政府运动，波及突尼斯、利比亚、也门、埃及等国，多国政权被推翻。这些政权的更迭被西方媒体称为“阿拉伯之春”，所谓“一个新中东即将诞生”。但是仅仅过去两年多时间，“阿拉伯之春”已变成“阿拉伯之冬”。这就说明，西方“普世价值”根本解决不了这些国家的深层次问题，既解决不了前苏联国家的民族矛盾、地区矛盾和经济困境，也解决不了阿拉伯世界的人口爆炸、贫穷和经济结构问题。这也宣布了西方“普世价值”的流产。

三、别无选择，坚持社会主义核心价值观，超越西方“普世价值”

检索和目击西方“普世价值”在世界各国的行踪和劣迹，尤其是揭露其虚伪性后，可以得出这样的结论：坚持社会主义核心价值观，超越西方“普世价值”，是我们自己要走的道路，别无选择。

（一）基本立场：学习和借鉴西方先进理念和经验，但绝不照抄照搬

我们的基本立场是：学习和借鉴西方先进理念和经验，但绝不照抄照搬。对西方思想和理念，我们要全面客观地分析、鉴别，当然不能一概拒绝和排斥，而是要筛选、过滤、消化，为我所用，最后成为自己的东西。

西方资本主义国家，特别是欧美发达资本主义国家，其资本主义发展已有四五百年的历史。欧洲先后通过荷兰、英国、法国、德国资产阶级革命，批判或摈弃封建专制，实行资产阶级宪政，从而踏进资本主义社会。美国通过南北战争，维护国家统一，逐渐走进世界文明的前列。在第二次世界大战中，以美国、英国、苏联、中国等国家形成的反法西斯联盟，奠定了二战胜利后世界经济、政治格局和秩序。二战结束后，世界上形成以苏联为首的社会主义阵营与以美国为首的资本主义阵营。20 世纪 50 年代以后，资本主义国家有了长足的发展，他们比较好地借鉴了社会主义阵营的好的经验和做法，对于来自社会主义阵营的批评，尽可能地吸纳，特别是对资本主义阵营内部的种种危机，进行调解和自我整合，实现了起死回生、重新发展进步的局面。特别是在科学技术和经营管理方面，他们大胆地向前探索，积累了比较丰富的经验，走在世界科技发展大

国的前列。过去，我们曾经低估了西方资本主义发达国家的创新发展，而一味地强调“不是西风压倒东风”，就是东风压倒西风。事实上，资本主义发达国家确有许多值得我们反思和借鉴的东西，过去西方资本主义发达国家敢于接受来自社会主义阵营的批评；现在我们社会主义国家也可以较多地学习和借鉴西方发达资本主义国家的科学技术和经济管理理念、经验。当然，必须是结合自己的国情，有选择地加以借鉴，而不是盲目地照抄照搬。

例如，在国有企业改革和发展中，我们主要是借鉴了西方的经营管理制度，提出建立现代企业制度，完善法人治理结构。法人治理结构，即通常所说的公司董事会、经理层和股东代表大会。核心问题是为企业和公司立法。

西方国家的公司立法，已有三百多年的历史。在西方早期的公司立法中普遍注意规定的是公司中的股东权限，特别是体现股东意志的股东会的权力。将“谁出钱，谁管理”的原则，让位于“谁出钱，谁决策”的原则。随着西方经济的快速发展，将股东大会作为公司核心机构的做法暴露出了许多问题，比如面对市场的激烈竞争，公司需要有高效的经营决策和经营机制，公司对于这些问题，不可能由一年一度的股东大会来解决。核心机构的做法，不能对公司发展方向有一个及时的决策。于是出现了公司股东权限弱化、公司董事会权限强化，核心机构由股东大会逐渐向董事会转化的趋势。

公司法人治理结构是公司制的核心,因此也应是国有企业改革建立现代企业制度的核心。国有企业进行规范的公司制改革,必须抓住建立和完善公司法人治理结构这个核心内容。现实的情况是,中国的国有企业,按照这一要求,建立起了现代企业制度。这是我们对西方先进的管理制度的借鉴。

(二)扬弃和创新:走自己的路

但是,在中国建立现代企业制度,完全依照西方的管理制度照抄照搬,也是不行的。因为在中国,国有企业治理,还有一个传统,即国有企业是在党的领导下,有一个必须接受党的领导的根本原则。这就需要很好地解决国有企业党的建设及党的领导和法人治理结构的关系问题,而西方企业管理制度并没有党的领导和党的建设这一基本情况。怎么办?是完全跟着西方走,放弃党的领导,还是结合中国的国情,走自己的路?显然,我们在改革中,不能放弃党的领导。这就是坚持扬弃和创新:走自己的路。

正是如此,我国的国有企业改革,在不断创新中终于走出了一条有别于西方现代企业制度的道路。

1993 年 11 月 14 日,党的十四届三中全会通过的《中共中央关于建立社会主义市场经济体制若干问题的决定》

指出，“为实现这个目标，必须坚持以公有制为主体、多种经济成分共同发展的方针，进一步转换国有企业经营机制，建立适应市场经济要求，产权明晰、权责明确、政企分开、管理科学的现代企业制度”。《决定》提出，“改革和完善企业领导体制和组织管理制度。坚持和完善厂长（经理）负责制，保证厂长（经理）依法行使职权。……企业中的党组织要发挥政治核心作用，保证监督党和国家方针政策的贯彻执行。全心全意依靠工人阶级。工会与职工代表大会要组织职工参加企业的民主管理，维护职工合法权益。要加强职工队伍建设，造就企业家队伍。形成企业内部权责分明、团结合作、相互制约的机制，调动各方面的积极性”。

1997 年 1 月 24 日，《中共中央关于进一步加强和改进国有企业党的建设工作的通知》指出，搞好国有企业不仅是重大的经济问题，而且是重大的政治问题。……坚持党对国有企业的政治领导，发挥国有企业党组织的政治核心作用，充分依靠和调动职工群众的积极性和创造性，这是我们的政治优势，是建立有中国特色现代企业制度的本质要求。……党对国有企业的政治领导，主要体现在：坚持国有企业的社会主义方向，保证党的路线、方针、政策和国家法律、法规在企业贯彻执行；坚持党管干部的原则，按照管理权限，依法选派、推荐国有资产产权代表和企业经营管理负责人，并对他们实施教育、培养、考核、监督；坚持发挥企业党组织的政治核心作用和党员的先锋模范作用。

1997年9月12日，党的十五大报告中强调，“建立现代企业制度是国有企业改革的方向。要按照‘产权清晰、权责明确、政企分开、管理科学’的要求，对国有大中型企业实行规范的公司制改革，使企业成为适应市场的法人实体和竞争主体。进一步明确国家和企业的权利和责任”。

1999年8月12日，中央领导在东北和华北地区国有企业改革和发展座谈会上明确指出，公司法人治理结构是现代公司制的核心。要按照《公司法》，明确股东会、董事会、监事会和经理层的职责，使之各负其责、协调运转、有效制衡。目前，绝大多数国有控股公司都既有股东会、董事会、监事会，又有党委会、工会、职工代表大会，可考虑采取双向进入的办法，处理好它们之间的关系。在国有和国有控股公司中，党委负责人和职工代表可按照法定程序进入董事会，还可按法定程序进入监事会；董事会、监事会负责人和总经理可按党章和有关规定进入党委会；党委书记和董事长可由一人兼任。

1999年9月22日，党的十五届四中全会通过了《中共中央关于国有企业改革和发展若干重大问题的决定》，第十一条提出，积极探索适应现代企业制度要求的选人用人新机制，把组织考核推荐和引入市场机制、公开向社会招聘结合起来，把党管干部原则和董事会依法选择经营管理者以及经营管理者依法行使用人权结合起来。在第十二条中，提出加强党对国有企业改革和发展工作的领导，指出，“坚持党的领导，发挥国有企业党组织的政治核心作用，是一个重大原则，任何时候都不能动摇。企业党组织的政治核心作用主要体现在：保证和监督党和国家方针政策在本企业的贯彻执行；参与企业重大问题决策，支持股东会、董事会、监事会和经理（厂长）依法行使职权；全心全意依靠职工群众，领导和支持工会、共青团等群众组织及职工代表大会依照法律和各自章程独立自主地开展工作；领导企业思想政治工作和精神文明建设，努力建设有理想、有道德、有文化、有纪律的职工队伍；加强党组织自身建设，搞好党性党风教育，发挥党支部的战斗堡垒作用和党员的先锋模范作用”。

2003 年 10 月 14 日，党的十六届三中全会通过了《中共中央关于完善社会主义市场经济体制若干问题的决定》，它指出，完善公司法人治理结构，按照现代企业制度要求，规范公司股东会、董事会、监事会和经营管理者的权责，完善企业领导人的聘任制度。股东会决定董事会和监事会成员，董事会选择经营管理者，经营管理者行使用人权，并形成权力机构、决策机构、监督机构和经营管理者之间的制衡机制。企业党组织要发挥政治核心作用，并适应公司法人治理结构的要求，改进发挥作用的方式、支持股东会、董事会、监事会和经营管理者依法行使职权，参与企业重大问题决策。要坚持党管干部原则，并同市场化选聘企业经营管理者的机制相结合。

党的十七大以来，对上述关系问题，基本上沿用了十五届四中全会和十六届三中全会的提法，在此基础上不断完善。党的十八大之后，中央强调国有企业深化改革，特别是中央对央企巡视以后，针对部分国有企业放松和削弱党的领导，频频出现一些腐败大案要案，指出问题的实质，是削弱了党的领导。因此，加强企业党的建设，再次提到重要议事议程。

2009 年 8 月，中央书记处书记习近平会见参加全国国有企业党的建设工作会议代表时强调，当前国有企业改革发展正处在一个新的阶段，越是这样的时候越要毫不动摇地坚持党对国有企业的领导，越要以改革创新精神加强和改进国有企业党的建设，越要充分发挥国有企业党组织的政治核心作用。习近平指出，新中国成立以来特别是改革开放 30 年来国有企业发展的历程表明，党建工作始终是国有企业的独特政治资源，是企业核心竞争力的有机组成部分，是实现企业科学发展的关键因素，也是建立中国特色现代企业制度的一个本质特征。加强和改进新形势下国有企业党的建设，要坚持解放思想、实事求是、与时俱进，主动适应深化公司制股份制改革和建立现代企业制度的新要求，主动适应参与国际化竞争和扩大对外开放的新特点，主动适应企业党员职工队伍思想观念和利益诉求发生的新变化，不断提高国有企业党建工作水平，为实现国有企业科学发展提供有力保证。

2015年6月，习近平总书记主持召开中央全面深化改革领导小组第十三次会议。会议审议通过了《关于在深化国有企业改革中坚持党的领导加强党的建设的若干意见》《关于加强和改进企业国有资产监督防止国有资产流失的意见》，要求“加快形成全面覆盖、分工明确、协同配合、制约有力的国有资产监督体系”。

2015年7月，习近平总书记在视察吉林长春国有企业时指出，国有企业是国民经济发展的中坚力量，对国有企业要有制度自信。深化国有企业改革，要沿着符合国情的道路去改。国有企业是推进现代化、保障人民共同利益的重要力量，要坚持国有企业在国家发展中的重要地位不动摇，坚持把国有企业搞好、把国有企业做大做强做优不动摇。推进国有企业改革，要有利于国有资本保值增值，有利于提高国有经济竞争力，有利于放大国有资本功能。习近平要求大力弘扬劳模精神，充分发挥工人阶级主人翁作用，维护好职工群众合法权益，积极构建和谐劳动关系。

根据中国经济发展新常态的需要，按照十八届三中全会深化改革的基本精神，国有企业需要进一步完善中国特色社会主义国有企业制度。必须按照加快完善社会主义市场经济体制、坚持和完善基本经济制度的要求，把握使市场在资源配置中起决定性作用这条主线，以有利于发展社会主义社会的生产力、有利于增强社会主义国家的综合国力、有利于提高人民的生活水平为根本标准，以产权明晰、权责明确、政企分开、管理科学为基本要求，以规范经营决策、资产保值增值、公平参与竞争、提高企业效率、增强企业活力、承担社会责任为重点，进一步完善现代企业制度。

综上，我们可以看出：中国特色社会主义国有企业制度，是对中国传统国有企业制度的创新和发展，是对西方现代企业制度的借鉴和扬弃。是中国共产党作为执政党，依据中国的国情和在新中国成立起来已经建立起来的工业体系的基础上，大胆探索、不断创新，坚持走自己的路，同时借鉴西方发达国家企业管理制度，在改革开放中逐步建立起来的。总的来看，这一套制度是符合国情的，是好的和成功的。国有企业作为国民经济的中坚力量，对中国经济社会跨越式发展做出了重大贡献。

综上，从微观上看，我们分析和阐述了国有企业改革对西方先进的管理制度的学习和借鉴，进行了扬弃和创新，走出了自己的路，建立中国特色国有企业制度。下面，从宏观上看,我们还要认识到,社会主义文明超越资本主义文明的历史必然性。

(三)在人类历史进步的长河中,社会主义文明超越资本主义文明的历史必然性

人类历史的发展是一条长河。按照马克思主义的观点,人类社会的历史进步,是奴隶社会制度取代原始社会制度;封建社会制度取代奴隶社会制度;资本主义社会制度取代封建社会制度;社会主义制度取代资本主义制度;人类社会最终会实现共产主义制度。在马克思主义的经典著作中,已经科学论证了社会主义制度战胜资本主义、取代资本主义的历史必然性。

根据马克思主义的科学论证和阐述,我们同样有理由相信,社会主义文明超越资本主义文明的历史必然性。那么,怎样理解社会主义文明一定会超越资本主义文明?

简单地说,这是不同本质决定的。资本主义的本质是资本家阶级追求利益最大化,为了自身利益不惜铤而走险,最彻底地剥削最广大老百姓,造成两极分化越来越严重的局面。在这一基础上的资本主义文明是不会长远的,是没有生命力的。而社会主义文明是建立在实现共同富裕的共同目标上,虽然暂时达不到,但是会朝着这个方向发展,会最终克服和根本解决分配差距过大甚至两极分化

问题。社会主义文明是有前途的、光明的。随着时代发展和社会进步，社会主义文明一定会实现对资本主义文明的超越，距离这一天已经为期不远了。

(四)中国风格和中国气派的核心价值观

综上所述，我们的核心价值观，是社会主义的核心价值观。社会主义核心价值观的确立和践行，既是对资本主义核心价值观的扬弃和超越，也是社会主义文明的自我发展。

应该说，社会主义文明的自我发展，特别是中国特色社会主义精神文明建设的深入发展，决定了我们的核心价值观，必须具有中国风格、中国气派，是具有中国特色的社会主义核心价值观。

首先，社会主义核心价值观，既然是对资本主义核心价值观的扬弃和超越，就必然有资本主义核心价值观的要素和影子，其中一些关键性的词语，尽管具有本质上的不同理解和阐释，但是都用了同样的词语，例如：民主、自由、公正、平等。

其次，社会主义核心价值观，最重要的是具有中国风格、中国气派，是属于中华民族自己的核心价值观。例如：和谐、敬业、诚信、友善等。这里面中国的元素占据了主要成分。

坚持梦想并为之不懈奋斗，赛出中国风格，打出中国气派，中国女排精神是中华民族的优秀品格的最佳注脚，体现出爱国、敬业、自由、平等、友善等民族优秀价值观。图为2016年里约奥运会女排决赛中国队夺冠瞬间

第三，培育和践行社会主义核心价值观，目前在中国大地上已经形成了全覆盖的一种态势。无论是学校、工厂、商店、机关，还是机场、码头、车站等公共场所，更不用说在新闻媒体之中，可以说，社会主义核心价值观的宣传，有如铺天盖地之势。这样，形成的一种中国气派，已成为一道风景线，为老百姓所津津乐道。

第四，培育和践行社会主义核心价值观，更为重要的，不单单在形式上造势，而是扎扎实实落实在人们的行动中。正如习近平总书记所说，要使社会主义核心价值观，像空气一样，无所不在，无处不有，无时不有。我们将始终坚持培育和践行社会主义核心价值观，成为一种“常态”，潜移默化，润物细无声，于微深处见精神，这也是一种中国风格和中国气派。

第五章 机遇与挑战

——培育和践行社会主义核心价值观存在的问题

当今世界正在发生广泛而深刻的变化,当代中国正在发生广泛而深刻的变革。党的十八大召开之后,中国共产党倡导和践行社会主义核心价值观,得到了全党和全国人民的拥护和支持。但是要看到,社会主义核心价值观的培育和践行,不是一蹴而就的。可谓任重而道远,还有很长的路要走。机遇和挑战并行,机遇前所未有,挑战也前所未有,机遇大于挑战。虽然机遇大于挑战,但是如果抓不紧、把握不住,机遇也会转瞬而逝。我们必须正视面前的问题,处理和解决这些问题,这不仅关系到社会主义核心价值观的生命力,也关系到社会主义意识形态建设的前途和命运。

一、倡导和确立社会主义核心价值观正逢其时

我们曾说,社会主义核心价值观不是突然从天上掉下

来的。它们的出现，是时代的呼唤，是改革开放深化的必然。我们认为，不管从何种角度、从何种背景上看，倡导和确立社会主义核心价值观，都正逢其时；而培育和践行社会主义核心价值观，则是社会发展的迫切需要

我们正处在一个伟大的时代，这个时代，需要社会主义核心价值观。当下的中国，人们对于社会发展的诸多现象，往往存在截然相反的认识。可以借用十八世纪英国作家狄更斯在《双城记》里开头的话来说明："那是最美好的时代，那是最糟糕的时代；那是智慧的年头，那是愚昧的年头；那是信仰的时期，那是怀疑的时期；那是光明的季节，那是黑暗的季节；那是希望的春天，那是失望的冬天；我们全都在直奔天堂，我们全都在直奔相反的方向。简而言之，那时跟现在非常相像，某些最喧嚣的权威坚持要用形容词的最高级来形容它。说它好，是最高级的；说它不好，也是最高级的。"

这样将十八世纪的法国大革命来比喻当今中国的社会发展，未必恰当。但至少是具有一些相似之处。例如，对于现在社会上存在的诸多问题，人们往往会听到和看到截然相反的认识和表现。各种社会思潮表达了不同的利益诉求和思想主张，在许多重大问题上，都有针锋相对的看法。当人们打开手机，观看"朋友圈"里出现的各种信息，一些正相反的说辞会使读者困惑和愕然。正因为如

此，社会主义核心价值观的出现，正逢其时，正当其时，应运而生！

（一）战略机遇期内确立核心价值观非同寻常

如前所述，社会主义核心价值观是在党的十八大报告中概括出来的。此前，是在党的十六大以来，逐渐在发展社会主义精神文明建设的基础上，提出建立社会主义核心价值体系；直至十八大倡导和确立社会主义核心价值观。应该认识到，无论是建立社会主义核心价值体系，还是确立社会主义核心价值观，都是中国共产党在重要战略机遇期中提出来的，此举非同寻常。为什么在战略机遇期内提出确立社会主义核心价值观？有何重要的理论意义和现实意义？有必要认识清楚。

什么是战略机遇期？战略机遇期是党的十六大对国际国内形势做出的一个科学判断。综观全局，二十一世纪头二十年，对我国来说，是一个必须紧紧抓住并且可以大有作为的重要战略机遇期。战略机遇期主要是指国际国内各种因素综合作用形成的，能为国家（地区、集团）经济社会发展提供良好机会和境遇，并对其历史命运产生全局性、长远性、决定性影响的某一特定历史时期。

党的十六大是进入新世纪后，中国共产党召开的第一次全国代表大会。大会确立了“三个代表”重要思想的指导地位，提出了贯彻“三个代表”重要思想的根本要求，形成了一系列重要的新范畴、新观点、新思想。其中一个重要思想，就是对“战略机遇期”的判断和提出。二十一世纪的头二十年，虽然影响和平与发展的不稳定、不确定因素增多，国际形势错综复杂，但世界多极化继续演进，世界经济保持增长，和平与发展依然是时代的主题，维护世界和平、促进共同发展面临着新的机遇；新科技革命方兴未艾，为发挥后发优势、争取实现生产力发展的跨越提供了可能；经济全球化深入发展，生产要素在全球范围的重组和流动进一步加快，为我国经济发展提供了有利条件；多年改革开放形成的综合国力和社会主义市场经济体制，为我们提供了雄厚的物质基础和良好的体制保障。要抓住和用好重要战略机遇期，在日益激烈的综合国力竞争中牢牢掌握加快我国发展的主动权。同时，在战略机遇期内，执政党也必须有危机防范意识，主动面对复杂多变的形势，做到未雨绸缪，防患于未然。

重要战略机遇期的二十年，对于中国未来发展，具有至关重要的意义。根据时间要求，在中国共产党召开二十大（2022 年）时，将利用这个战略机遇期，完成第一个百年目标（从 1921 年建党到 2022 年党的二十大召开的百年间）。就在这个战略机遇期里，中国将全面建成小康社会。这是一个伟大的历史阶段，是一个了不起的社会进步。此后，在全面小康的基础上，中国还将大踏步地前进，继续发展。

战略机遇期最鲜明的特点是仍然是改革开放；最显著的成就是一跃而成为世界第二大经济实体；最切身的感受是从高速发展到中高速快速发展，进入新常态；最突出的标志是与时俱进、深化改革、清除腐败。战略机遇期是改革开放新时期的历史延续。党的十八大之后，中国站到了新的历史起点上，既面临着重大的战略发展机遇，又面对着国际、国内，特别是南海及海峡两岸等新的变数及各种新的严峻挑战。中国进入空前的社会变革时期，社会结构急剧变化，活力与矛盾共存，新课题、新问题层出不穷。国际、国内形势出现不少新的复杂因素，中国共产党和国家工作面临不少新的问题。反映在思想领域，就是各种思想文化相互激荡，社会思想异常活跃，人们思想活动的独立性、选择性、多变性、差异性明显增强，价值观念呈现多样化趋势，表达渠道、表达手段与表达方式也更加多元与多样，特别是人民群众通过互联网所表达并综合形成的思想、观点、想法以及思潮的社会影响力与干预程度空前强大，官方与民间、国内与海外、学者与民众之间的思想互动、观点碰撞情形空前热烈，各种思想文化相互渗透、相互激荡的形势更加复杂。

在重要战略机遇期，面对如此复杂多变的形势，中国共产党如何带领全党和全国人民，全面推进经济建设、政治建设、文化建设、社会建设、生态建设？如何加强党的自身建设？依靠什么把中华民族凝聚在一起？用什么作为中华民族的精神支撑？

换言之，在新形势下，在意识形态及思想道德领域，执政党会出台什么重大决策？打的是什么牌？我们认为，不是什么别的东西，正是社会主义核心价值观。

也就是说，在如此关键时期，中国共产党倡导和践行社会主义核心价值观，凝聚中华民族思想精神，对于实现两个百年目标，具有决定性的意义。因此，在战略机遇期内，核心价值观的提出，也具有战略意义。进一步说，社会主义核心价值观不但在战略机遇期内起作用，在二十年战略机遇期之后，还将继续起作用。但是，在战略机遇期内取得胜利和成功，具有全局性的重大意义。这将决定中国未来三十年的发展走势。我们也认为，不仅如此，社会主义核心价值观将伴随着中国特色社会主义建设这一伟大事业的全部、全过程。这是一个长期过程，绝不是短期行为。在中国特色社会主义建设的伟大实践中，社会主义核心价值观也将不断完善和发展。

（二）社会主义核心价值观与“中国梦”的关系

党的十八大之后，习近平总书记在参观“复兴之路”展览时代表党中央提出中国梦。中国梦的提出，在海内外中华儿女心中激起了强烈共鸣，也引起了国际舆论的热议。什么是中国梦？简言之，中国梦是国家梦、民族梦，归根到底是人民梦，其实质是实现中华民族的伟大复兴。

中国梦反映了中国人自古以来不懈追求进步的光荣传统，就是要实现国家富强、民族振兴、人民幸福。中国梦归根到底是人民的梦，必须紧紧依靠人民来实现。

实现中国梦必须走中国道路。这就是中国特色社会主义道路。这条道路来之不易，它是在改革开放30多年的伟大实践中走出来的，是在中华人民共和国成立60多年的持续探索中走出来的，是在对近代以来170多年中华民族发展历程的深刻总结中走出来的，是在对中华民族5000多年悠久文明的传承中走出来的，具有深厚的历史渊源和广泛的现实基础。

实现中国梦必须弘扬中国精神。这就是以爱国主义为核心的民族精神，以改革创新为核心的时代精神。这种精神是凝心聚力的兴国之魂、强国之魂。爱国主义始终是把中华民族紧密团结在一起的精神力量，改革创新始终是鞭策我们在改革开放中与时俱进的精神力量。

实现中国梦必须凝聚中国力量。这就是中国各族人民大团结的力量。中国梦是民族的梦，也是每个中国人的梦。只要我们紧密团结，万众一心，为实现共同梦想而奋斗，实现梦想的力量就无比强大，我们每个人为实现自己梦想的努力就拥有广阔的空间。生活在我们伟大祖国和伟大时代的中国人民，共同享有人生出彩的机会，共同享有梦想成真的机会，共同享有同祖国和时代一起成长与进步的机会。

中国梦归根到底是人民的梦，必须紧紧依靠人民来实现，必须不断为人民造福。

要看到，近代以来，中国历史走到今天，从来没有像现在这样，接近实现中国梦实现中华民族伟大复兴。我们正朝着中国梦实现的伟大目标步步逼近。这正是历史给予中华民族的机遇。

对实现中国梦的憧憬和展望，是和我们确立的核心价值观紧密相连的。在意识形态领域，十八大以来，我们一手托举中国梦，另一手托举核心价值观，形成了积极向上、方向明确、信念坚定、充满自信和正能量的氛围和气候。中国梦与核心价值观相辅相成、互相依托、互相呼应、互相给力、融为一体，形成了一种巨大的合力。这种合力气势恢宏，文化历史底蕴丰厚，民众普遍认同，热烈拥护并积极支持，应该说，这也是我们的机遇。践行社会主义核心价值观，是为了实现中国梦。没有核心价值观的支撑，不可能实现中国梦。没有实现中华民族伟大复兴的目标，核心价值观的践行可能出现乏力，甚至失去动力。

在这样的历史机遇下，我们没有理由不去努力实现中国梦和践行核心价值观。我们应该乘势而上，在实践中把追梦、圆梦和践行社会主义核心价值观很好地结合在一起。为此，我们要牢牢把握住历史机遇，脚踏实地，孜孜不倦，锲而不舍，始终保持昂扬向上的斗志，努力走在时代的最前列。有梦想，有机会，有奋斗，一切美好的东西都能够创造出来。全国各族人民牢记使命，心往一处想，劲往一处使，用全部人的智慧和力量汇集起不可战胜的磅礴力量。

当然，无论从历史的发展还是从社会现实来看，往往是有各种机遇，也有各种挑战，机遇和挑战共存。问题在于，要正视挑战，不回避挑战，要勇敢地接受挑战，迎接挑战、迎着困难而上。

二、社会主义意识形态建设成就斐然，但也滋生种种问题

社会存在决定社会意识。改革开放以来，我国在建设中国特色社会主义的伟大事业中，既有举世瞩目的巨大成就，让世人刮目相看，使我们感到无比自豪，但也存有诸多问题，令人扼腕和遗憾。从社会主义意识形态建设来看，一方面，我们成就斐然；另一方面，也伴随着种种问题。如

何克服和解决这些问题，成为执政党必须解决好的重大课题。

（一）社会主义国家搞市场经济，既是伟大的创举，却也交了昂贵的学费

中国从计划经济体制转为市场经济体制，实行社会主义市场经济体制，这是改革开放的伟大成果，是马克思主义理论中国化的伟大创新，是世界社会主义运动的伟大创举。

在马克思主义经典作家那里，马克思、恩格斯强调在无产阶级夺取政权以后，全部占有生产资料，实行计划经济体制。在列宁那里，完成了社会主义可以在一国实现的想法，尽管迫于国内外形势需要，实行了“新经济政策”，但是由于他过早逝世，并没有论及市场经济体制，也没有可能实行市场经济体制。列宁逝世以后，斯大林则过早地中断了“新经济政策”，此后长期实行计划经济体制。毛泽东在新中国建立以后，提出“以苏为鉴”，走自己的路，对社会主义道路进行了艰辛探索，但是总的来说，依然是实行计划经济体制。改革开放以后，邓小平思考什么是社会主义、怎样建设社会主义，提出了中国特色社会主义的命题，继而指出计划经济和市场经济只是手段，社会主义也可以有市场，资本主义也有计划，阐述了社会主义市场经济理

论，这成为邓小平理论的重要组成部分，成为中国特色社会主义理论体系的重要基石。

毋庸置疑，自从实行市场经济体制以来，中国经济社会发展发生了巨变，实现了跨越式的发展，中国一举成为世界第二大经济实体。应该说，是市场经济体制解放了社会生产力，市场经济理论功不可没。但是，市场经济对于发展中的社会主义国家来说，毕竟是新生事物。尽管我们强调市场经济前面还有“社会主义”四个字，而且强调“社会主义”四个字不是画蛇添足，而是画龙点睛。但是在实践中，我们确实把握得不是很到位，甚至有些糊涂和错误认识。例如，我们错误地以为，既然是市场经济，就要“一切向钱看”，那么就要彻底放开，甚至把教育和医疗也完全推向市场，造成了种种难以解决的困境。又例如，我们放松了对土地和住房的调控，以至于一方面房价居高不下，老百姓买不起；另一方面库存积压，闲置惊人。应该说，我们成功地转轨市场经济，但是交出了昂贵的学费。

（二）经济跨越式发展取得巨大成就，也在某些领域道德严重滑坡

毋庸讳言，尽管我们强调一手抓物质文明建设，一手抓精神文明建设，“两手抓，两手都要硬”，但是经济上去了，马克思主义的指导地位出现了被边缘化问题，某些领

域思想道德却出现了严重滑坡。2011年10月，李长春同志在《中共中央关于深化文化体制改革推动社会主义文化大繁荣若干问题的决定》中指出："一些领域道德失范、诚信缺失，一些社会成员人生观、价值观扭曲，用社会主义核心价值体系引领社会思潮更为紧迫，巩固全党全国各族人民团结奋斗的共同思想道德基础任务繁重。"在现实中，如何加强马克思主义指导地位和道德滑坡问题已引起党和国家的高度重视和社会的普遍关注，如何加强道德建设，提升公民道德素质，成为全社会亟须研究的重大课题。

例如在高等学校教育领域，意识形态工作中曾出现一些不容忽视的问题。据中国思想政治研究会的调查结果显示，青年学生信仰马克思主义的不到60%，信仰"西方的自由、平等、博爱等思想观念"的达到37.2%。其实，在高校学生中对马克思主义缺乏兴趣和认同感的，加上那些处在迷惘状态的部分学生，可能比这种统计数据可能还要多。

教师教材"硬件"上，高校一个时期出现一种盲目引进、重用西方文科教材和"洋"学者、"洋"学说的现象。一些高等学校在经济学、管理学等学科的本科生、研究生教育中取消了马克思主义政治经济学的课程，只要求掌握没有经过科学评论的西方经济学的原版教材；一些学校规定经济专业、管理专业等研究生的入学考试不考马克思主义政治经济学，只考西方经济学；有些留学西方系统学习西方经济学的“海归”派人士没有经过任何马克思主义的系统教育，就直接被高薪、高位聘请进高校教师队伍、研究队伍和领导队伍。这种现象是非常令人担忧和值得反思的。在很大程度上，西方资产阶级意识形态就是通过这些未加以科学评论的经济学原版教材和“海归”经济学学者的原汁原味的研究介绍、课堂宣讲严重渗透进我国青年大学生的头脑中，然后把马克思主义政治经济学挤出高校课程之列，把马克思主义意识形态挤出学生头脑。

在教学科研“软件”上，高校出现重者在讲坛上攻击马克思主义和社会主义、宣扬西方资本主义的言论，轻者轻视马克思主义理论教育或对意识形态采取完全不作为的状况。前者是指高校老师在自己的课堂上，或聘请的专家学者在校园讲坛上，大放厥词，公开反对马克思主义和社会主义。有人借给大学生做学术讲座、报告为名，在青年学生中散布西方腐朽思想，散布违反改革开放政策、违反四项基本原则的错误观点。一些演讲者不负责任地扭曲历史事实，为社会主义脸上抹黑。

例如，在思想道德领域，不知从何时起，由于马路上频频出现碰瓷讹人现象，人们不再敢搀扶跌倒在路旁的老人。2014年中央电视台春节联欢晚会上表演的小品《扶不扶》，讲的是一位老太太不慎摔倒后与一位善良热心的年轻人发生误会的故事。小品中的一句话使很多人震动："这人倒了咱不扶,这人心不就倒了吗？人心要是倒了,咱想扶都扶不起来了。"

"扶,还是不扶?"人们不断讨论这个话题,每次有新的相关事件发生。在全国两会上,"扶不扶"也成为代表委员们热议的话题。有委员提出,"扶不扶"与24字社会主义核心价值观中的"诚信""友善""公正""法治"等相关联,要通过培育和践行社会主义核心价值观,形成积极向上、崇德向善的力量,要把诚信作为社会治理的重要原则,推动建立健全社会征信体系。

又例如,社会上的假冒伪劣泛滥和食品安全问题,已经引起广大民众的普遍不满。近年来相继发生的"毒奶粉""瘦肉精""地沟油""染色馒头"等事件,这些恶性的食品安全事件足以表明,诚信的缺失、道德的滑坡已经到了何种严重的地步。

这种现象值得注意:现在几乎任何一种商品都可能是假冒伪劣的,几乎没有一个消费者没有受过坑害。最为恶劣的是一些有毒的食品,如有毒大米、有毒猪油,假酒,还有假药,严重地威胁到消费者的人身安全。因使用了不合格的热水器造成死亡的,喝假酒丧命的,屡屡发生。有些制假者的制假手段可以说是丧尽天良:比如说做豆制品掺黄泥、石灰,制酒用工业甲醇兑水,明知这样做是害人的,但为了赚钱,什么也不顾了,已经到了丧心病狂的地步。

上述这些现象,除了违法行为或不遵守有关制度和规章外,思想道德方面的失范,确实是客观存在。究其主要原因,既有某些官员腐败、官德失范问题,也有社会贫富差距持续拉大问题;一切以金钱为评价标准,“笑贫不笑娼”思想仍占有市场;还有社会各阶层都存在不履行职责,底线失守问题。

(三)四大考验和意识形态淡化论的挑战

何来四大考验?是否会给践行社会主义核心价值观带来重大挑战?如何应对这四大考验?这也是我们在践行核心价值观过程中,需要认真回答的重要问题。

2011年7月1日,胡锦涛同志在庆祝中国共产党成立90周年大会上的讲话中指出:全党必须清醒地看到,在世情、国情、党情发生深刻变化的新形势下,提高党的领导水平和执政水平、提高拒腐防变和抵御风险能力,加强党的执政能力建设和先进性建设,面临许多前所未有的新情况、新问题、新挑战,执政考验、改革开放考验、市场经济考验、外部环境考验是长期的、复杂的、严峻的。精神懈怠的危险,能力不足的危险,脱离群众的危险,消极腐败的危险,更加尖锐地摆在全党面前,落实党要管党、从严治党的任务比以往任何时候都更为繁重、更为紧迫。

提出这四大考验，说明了执政党居安思危，头脑清醒。而这四大考验，对于践行社会主义核心价值观，也构成了严峻的挑战。这是因为，核心价值观是贯穿于这些危险和考验之中的。而这些危险、考验与核心价值观，是负能量和正能量的冲突，是非正义和正义的冲突。

一个时期以来，国内也曾流行着“意识形态淡化”的主张和观点，这种观点显然是与核心价值观格格不入的。从表面上看，主张“意识形态淡化”者，是在强调多谈问题，少谈主义；但在实质上是想否定和摈弃社会主义精神文明建设。

“淡化意识形态”“非意识形态化”等现象导致“实用主义”盛行，严重削弱了马克思主义在意识形态的指导地位。改革开放以来，特别是20世纪90年代以来，“淡化意识形态”“非意识形态化”思潮日益突出，这势必造成“实用主义”做法大行其道。更重要的是淡化社会主义意识形态是真，淡化西方“普世价值”是假。在淡化甚至取消社会主义意识形态建设的鼓噪中，反而变本加厉地鼓吹“普世价值”，企图取而代之，继而一统天下。

“淡化意识形态”“非意识形态化”“实用主义”都是中了西方“和平演变”圈套的结果。非常明显，西方的“意识形态终结论”是别有用心的政治口号，旨在以此为幌子要终结第三世界尤其是社会主义国家的意识形态，为输出并加强自己意识形态的全球化扫除障碍。可是，国内有些糊涂人就是心甘情愿地放弃马克思主义的阶级分析方法，主张全方位地与国际接轨、与西方接轨、与美国接轨而羞谈、耻谈意识形态，生怕马克思主义意识形态影响外资的引进、贸易的自由和自己官职的升迁。是需要警醒了！

三、社会思潮激荡，大浪淘沙，惊涛拍岸

大浪淘沙，沉渣泛起，相互激荡，惊涛拍岸。这是当今中国社会思潮传播和发展的真实写照。以社会主义核心价值体系与核心价值观引领社会思潮，是中国改革开放深入发展的必然要求，是社会主义意识形态建设的必然选择，是加强和巩固马克思主义阵地的重要途径。

虽然从总体和主流看，马克思主义的指导地位还在坚持，但是要看到，一个时期以来，在与马克思主义争夺对中国思想文化的指导和支配地位的，有多种社会思潮：一是以美国为代表的西方垄断资产阶级正在极力向我国推销的资产阶级“新自由主义”的政治主张和价值观念，他们声称这是当今世界的“思想主流”，具有所谓的“普世价值”。二是以“新儒学”为代表的中国传统的文化保守主义，他们自称是中国传统文化的“精华”，是中国人“安身立命”的所谓“国学”，认为它“高于党学”（指马克思主义），可以为

中国现代化提供精神支柱。三是国外社会民主党所宣扬的“民主社会主义”思想，这是一种主张改良主义的资产阶级社会主义；还有国内某些人的“只有民主社会主义才能求中国”的主张，这种思潮，攻击科学社会主义是“乌托邦”，强调维护或复辟资本主义制度，实行所谓“价值社会主义”，从而在社会主义改革中，主张经济上私有化、政治上民主化（多党制）、思想文化上多元化。四是“新左派思潮”，主张回到“文化大革命”的老路上，为“四人帮”翻案，坚持“无产阶级专政下的继续革命”。五是历史虚无主义思潮，否定中国历史，否定中国文明的起源。它提出否定革命“告别革命”的主张，认为革命只起破坏性作用，没有任何建设性意义。它倡导殖民化哲学，认为中国现代史是从“以英美为师”的“近代文明主流”，走上了“以俄为师的歧路”，把“五四”以来中国选择社会主义发展方向视为离开“以英美为师”的“近代文明的主流”而误入了歧路。它宣称经济文化落后的中国没有资格搞社会主义，新中国成立以后搞的不过是小资产阶级的空想社会主义。上述多种社会思潮，虽然主张不同，却都企图取代马克思主义的指导地位，都希望中国或者照搬“美式”资本主义、东亚的“儒家资本主义”、北欧“模式”的资本主义、走回头路，甚至自暴自弃。这些错误思潮，目前在我国潮来潮去，此起彼伏。某些思潮颇有市场和影响。

事实上，各种非主流社会思潮，特别是反马克思主义的思潮，对社会主义核心价值体系与核心价值观的冲击非常大。有些思潮大肆贬低和攻击马克思主义，甚至妄图取代马克思主义的指导地位；有的极力曲解中国特色社会主义，认为中国特色社会主义就是“打左灯向右拐”的资本主义，是“国家资本主义”；有的提出“只有民主社会主义才能救中国”“只有儒学才能救中国”；有的极力主张“告别革命”，否定辛亥革命以来的中国革命史，特别是否定中国共产党诞生后领导中国人民进行革命斗争的历史；有的主张照抄照搬西方的“普世价值”，主张实行多党制和三权分立，主张军队国家化；有的明目张胆地主张全盘西化、全面私有化，鼓吹“人间正道私有制”等等，不一而足。

（一）必须坚持以社会主义核心价值体系与核心价值观引领社会思潮

践行社会主义核心价值体系与核心价值观，是时代的呼唤。当下的中国无疑正处在一个伟大的时代，所有中国人的心灵都在波澜壮阔的改革开放大潮中，撞击着、洗涤着、净化着、升华着。中国人民正在实现伟大梦想的道路上高歌猛进。中华民族伟大复兴的梦想，凝聚了几代中国人的夙愿，体现了中华民族和中国人民的整体利益，是所有中华儿女的共同期盼。

但是，在现实生活中，当我们与不同社会思潮的代表人物接触时，发现他们对社会主义核心价值观并不认同，或者不以为然。有人质疑和嘲讽社会主义核心价值体系与核心价值观引领社会思潮，认为这种“引领”是执政党的一厢情愿。且不说这些社会思潮愿不愿意接受社会主义核心价值体系的引领，在他们的认知中，就连执政党及社会主义核心价值体系是否具备“引领资格”，也是值得怀疑和商榷的。换言之，他们认为不能引领，也没有资格引领。也有学者说，引领社会思潮说起来容易，做起来难上加难。那么，社会主义核心价值体系与核心价值观能否引领和如何引领社会思潮？这是需要阐明的大是大非问题。

我们认为，社会主义核心价值体系与核心价值观的内在本质，决定了能够引领社会思潮。具体表现是：

体现先进性，走在时代最前列，最有资格来引领。一个政党及其建构的核心价值体系以及倡导的核心价值观，先进与否，不是看其怎样说、说什么，而是看怎样做、做什么。马克思在《哥达纲领批判》一文中指出：“一步实际行动比一打纲领更重要。”改革开放以来，中国共产党领导中国人民“摸着石头过河”，在探索中前进，一步一个脚印，在短短 30 多年的实践中，就把中国建设成为世界第二大经济实体，取得了举世瞩目的巨大成就，中国特色社会主义建设事业取得了巨大的成功。中国在经济、政治、文化、社会建设各个方面的经验和成就，不仅得到了中国最广大人民群众的认同，也得到了世界各国人民的肯定和赞扬。这些成就，在实践上足以表明了中国共产党的指导思想是科学正确的，是先进的；也证明了开辟中国特色社会主义道路是正确、成功的。正是在科学正确的指导思想的指引下，人们选择了正确的道路。也正是在这条正确的道路上，中国共产党和人民群众不断坚定中国特色社会主义理想信念，提出社会主义核心价值体系与核心价值观，坚持道路自信、理论自信、制度自信，才取得了辉煌的成就。因此，其先进性是"干"出来的，不是自封的，而是公认的、客观存在的。而社会主义核心价值体系和核心价值观的先进性是其内在的、本质的表现，无可置疑。从这个意义上说，社会主义核心价值体系引领社会思潮是最有资格的，是当仁不让的。当然，其先进性并不是绝对的而是相对的，现在先进，并不等于将来先进、永远先进。这就是在实践中需要不断前进，永不停顿，走在时代最前列，坚持真理、修正错误，不断保持先进性。

体现阶级性，代表最广大人民群众的利益诉求。社会主义核心价值体系与核心价值观，代表最广大人民群众的利益诉求，具有鲜明的阶级性。马克思、恩格斯在《德意志意识形态》中指出："统治阶级的思想在每一个时代都是占统治地位的思想。这就是说，一个阶级是社会上占统治地位的物质力量，同时也是社会上占统治地位的精神力量。支配着物质生产资料的阶级，同时也支配着精神生产的资料……”。

在社会主义社会，占统治地位的阶级是无产阶级即工人阶级领导下的工农联盟，表现出的意识形态和精神生产的资料，当然是人民的思想。人民当家做主不是一句空话，不仅支配物质生产资料，也支配精神生产资料。《中华人民共和国宪法》指出：中华人民共和国成立以后，我国社会逐步实现了由新民主主义到社会主义的过渡。生产资料私有制的社会主义改造已经完成，人剥削人的制度已经消灭，社会主义制度已经确立。工人阶级领导的、以工农联盟为基础的人民民主专政，实质上即无产阶级专政，得到巩固和发展。宪法明确规定：中华人民共和国是工人阶级领导的、以工农联盟为基础的人民民主专政的社会主义国家。中华人民共和国的一切权力属于人民。社会主义核心价值体系作为主流意识形态，在当下中国，代表的是人民的思想和利益诉求。中国特色社会主义是人民当家做主的社会主义。因此，社会主义核心价值体系代表和反映的是工农大众的思想意识形态，以此来引领社会思潮、主导支配乃至控制各种社会思潮的发展，也是题中应有之义。

体现革命性，荡涤思想领域的一切污泥浊水。社会主义核心价值体系与核心价值观引领社会思潮体现革命性，是这一体系自身的性质决定的。在各种社会思潮相互激荡的过程中，任何一种思潮都想争夺话语权、控制权、主动权。代表社会进步的思潮与落后的思潮的博弈，特别是与反马克思主义思潮的斗争，无不彰显了社会主义核心价值体系与核心价值观的革命性。社会主义核心价值体系与核心价值观的革命性与阶级性是相统一的。工人阶级及以工农联盟为主体的人民大众，在旧社会是生活在最底层的被剥削阶级，为了翻身求解放，他们中的先进分子接受马克思主义，组建了自己的先锋队政党——中国共产党，并在党的指引下，在艰苦卓绝的革命斗争中取得人民当家做主的地位的，其革命性也是由其阶级性决定的。在人民民主专政的社会主义革命、建设和改革开放时期，其革命性也是要始终保持的。与此相联系，也绝对需要斗争性和战斗性。按照习近平总书记的要求，要有“亮剑”的意识，体现“亮剑精神”。所谓加强和巩固马克思主义阵地、守土有责，都是讲要有革命警惕性，不能丧失马克思主义的指导地位，要与各种错误思潮做斗争，敢于批判反马克思主义思潮，揭露其错误实质和危害性。

当下的中国，社会思潮激荡，惊涛拍岸，大浪淘沙，沉渣泛起。用社会主义核心价值体系与核心价值观引领社会思潮，弘扬时代精神、弘扬主旋律，也是荡涤社会一切污泥浊水的过程。这是一种革命和前进的过程。也只有彰显社会主义核心价值体系的革命性，敢于“亮剑”，坚决斗争，才能占有主动权、话语权、控制权。这种革命性的立场和观点，是社会主义核心价值体系的本质特征。

体现传承性，重要的是教育青年、引领青年。这里所说的传承性，是指社会主义核心价值体系与核心价值观的传承性。也就是说，贯彻和落实社会主义核心价值体系与核心价值观，在整个社会主义初级阶段，需要通过几代人甚至十几代人的努力，来培育和弘扬它。这就需要有接班人、传承人，这就是青少年。我们认为，培育和弘扬社会主义核心价值体系与核心价值观，只有赢得大学生和青少年，才能赢得未来。一方面，我们要教育和培养一大批青年马克思主义理论家和学者，使他们成为社会的中坚和领军人物；另一方面，我们要特别注重对青少年的教育。

当下的中国各种社会思潮，特别是历史虚无主义，来势汹汹，无孔不入，把争夺对中国革命历史缺乏了解和欠缺知识的青少年作为对象，灌输“告别革命论”，否认和抹黑中国共产党领导中国人民进行革命和斗争的历史，甚至对党的创始人和人民共和国的缔造者进行妖魔化。一个时期以来，历史虚无主义思潮愈演愈烈，在中国共产党的门下叫板，叫嚷质疑中国共产党的合法性，以致全盘否定中国共产党领导中国人民进行革命斗争的所有一切，诬蔑中国共产党没干过一件好事、所有灾难都是中国共产党造成的。历史虚无主义这种嚣张的气焰和咄咄逼人的表演，虽然未必对广大青少年都起迷惑的作用，但是其危害是显而易见的。我们认为，目前要在高校特别加强对社会主义核心价值体系与核心价值观的宣传教育，要积极引领青年大学生，让他们学会并善于辨别各种非马克思主义思潮和反马克思主义思潮，学会与反马克思主义思潮划清界限，不轻信它们的蛊惑。同时，也要学会与反马克思主义思潮做坚决斗争，掌握马克思主义的立场、观点和方法。对于广大中学生特别是高中生，也要加强社会主义核心价值体系的教育和引导。只有正确引导青少年，才能掌握未来。本书专设一章，对此问题进行阐述。

体现科学技术性，善于运用互联网新媒体的新方法。随着互联网、新媒体和“大数据”等新科技的发展，社会思潮的传播和发展出现了新的态势，这就是：速度快、传播广、影响深。微博、微信已成为各种社会思潮传播的新载体，对社会发展和变革产生了巨大影响。在这种态势下，社会主义核心价值体系与核心价值观引领社会思潮，要善于运用互联网和新媒体等新科技、新方法。恩格斯曾经说过，随着自然科学每一个划时代的进步，唯物主义也要改变自己的形式。如今，截至 2015 年 6 月，中国网民已达 6.68 亿人，比整个欧盟的人口数量还要多。网民规模不断增

中国政府高度重视公共文化服务体系建设，飞速发展的互联网建设拉近山区孩子与世界的距离。图为重庆市丰都县偏远山村的乌羊小学的孩子们正在通过互联网与休产假的老师胡乾妮进行视频通话

长，稳居全球第一。全球互联网10强企业，中国占了4席。“互联网+”已正式纳入国家战略。与此相关，我国倡导共同构建和平、安全、开放、合作的网络空间，建立多边、民主、透明的国际互联网治理体系。但是在中国，每月有上万个网站被篡改，约80%的政府网站受到攻击，攻击的主要来源是美国。互联网对国家安全提出新挑战。同时，各种社会思潮在互联网上的传播，也受到了能否可控的新

挑战。因此,我们必须探索运用新的科学技术,推进社会主义核心价值体系引领社会思潮。

体现策略性,团结非主流思潮,凝聚在中华民族伟大复兴的旗帜下。体现策略性,团结非主流思潮,坚决反对和孤立反马克思主义和反中国特色社会主义的思潮,形成合力,共同凝聚在中华民族伟大复兴的旗帜下,这是社会主义核心价值体系与核心价值观引领社会思潮需要形成的共识。

毛泽东早年在《中国社会各阶级的分析》一文中指出:"谁是我们的敌人?谁是我们的朋友?这个问题是革命的首要问题。中国过去一切革命斗争成效甚少,其基本原因就是因为不能团结真正的朋友,以攻击真正的敌人。革命党是群众的向导,在革命中未有革命党领错了路而革命不失败的。我们的革命要有不引错路和一定成功的把握,不可不注意团结我们的真正的朋友,以攻击我们的真正的敌人。"毛泽东在这里谈到的"不引错路和一定成功的把握",对当今中国共产党以社会主义核心价值体系与核心价值观引领社会思潮,具有重要的现实指导意义。

正如前文所述,各种社会思潮最主要特点就是其阶级性和能动性,研究和把握各种社会思潮难的传播和发展,要学会并善于运用马克思主义的阶级分析方法。因此,马克思主义阶级分析方法是我们的重要法宝,决不能丢弃。

那种认为马克思主义阶级分析方法过时的论调可以休矣。在各种社会思潮的激荡中,要分清谁是主流,谁是支流或非主流;谁是马克思主义,谁是非马克思主义,谁是反马克思主义。作为主流的社会主义核心价值体系,要善于团结非主流思潮,孤立极少数反马克思主义思潮,形成合力,共同凝聚在中华民族伟大复兴的旗帜下。

(二)必须坚持中国特色社会主义理想信念

伟大的时代,产生伟大的理论。在这个伟大时代中应运而生的,是以中国特色社会主义理论体系为代表的主流意识形态。它是在改革开放的大潮中,逐步形成和发展壮大的。它挺立潮头,以雷霆万钧之力,当仁不让地成为引领中国社会思潮发展的主流和大趋势。

中国特色社会主义道路、理论、制度,是中国共产党人领导中国人民在长期的革命和建设中特别是在改革开放的历史性转折中,在与各种社会思潮的激荡中,做出的唯一正确选择。作为中国社会向前发展和先进社会思潮的主流,它是在抵制各种错误思潮的影响、反对"左"右两种错误倾向的斗争中不断开拓、前进的。"只有中国特色社会主义才能发展中国、富强中国"这一科学的理性认识和判断,已成为中国共产党和最广大人民群众的共识和理念。

党的十八大之后，习近平总书记在新进中央委员会的委员、候补委员学习贯彻十八大精神研讨班开班式上的重要讲话中强调，共产党员特别是党员领导干部，要做共产主义远大理想和中国特色社会主义共同理想的坚定信仰者和忠实践行者。

是的，只有坚定中国特色社会主义理性信念，才能成为一名坚定的马克思主义者，才能引领社会思潮。正如习近平所说，坚定理想信念，坚守共产党人精神追求，始终是共产党人安身立命的根本。对马克思主义的信仰，对社会主义和共产主义的信念，是共产党人的政治灵魂，是共产党人经受住任何考验的精神支柱。理想信念是思想和行动的“总开关”。当前在一些党员干部中出现的种种问题，追根溯源是由于动摇和丧失了共产党人的理想信念。

我们看到，由于理想信念出了问题，一些官员被拜金主义、享乐主义和极端个人主义意识所腐蚀，经不住金钱、权力、美色和腐朽生活方式的引诱，搞钱权交易，行贿受贿，有些甚至违法犯罪，腐化变质，自我毁灭。归根结底，这些人都是从世界观、人生观和价值观上，被打开思想缺口而迷失方向，发生蜕变走向堕落的。

世纪之交特别是进入新世纪以后，各种社会思潮对中国特色社会主义的理想和信念冲击很大，有些社会思潮具有颠覆性。一般看来，和理想、信念直接相关的几种社会思潮主要是新自由主义思潮、民主社会主义思潮、质疑和否定改革开放思潮、历史虚无主义思潮、“新儒学思潮”、民主宪政思潮，等等。其中的历史虚无主义思潮，妄图从根本上虚无和否定中国共产党领导中国人民的革命斗争史，力图彻底颠覆执政党和广大党员干部心中的中国特色社会主义的理想和信念。

看来，中国特色社会主义的理性和信念，应该被视作共产党人的政治思想底线。共产党人必须坚守这个底线，否则一切都无从谈起。

我们知道，理想和信念在人的一生中占有最重要的地位和作用，无数革命先烈抛头颅、洒热血，为党和人民的事业牺牲一切，就是因为有革命理想和信念作支撑。因此，中国革命、建设、改革事业的成功，离不开共产党人的理想、信念。而今天党员领导干部的腐败等问题的出现，就是理想、信念的缺失和丧失造成的。可以说，理想信念丧失是官员沦落为腐败分子的政治根源。理想、信念是人安身立命的根本。一些官员被当代世界上出现的一些新现象和社会主义发展中出现的暂时困难与挫折所迷惑，看不到社会主义的前途，出现了信仰危机，底线失守，从而跌入万劫不复的深渊之中。

究竟什么是理想和信念？马克思主义者如何正确认识和把握理想和信念？

马克思主义所主张认识和把握的理想和信念，绝不是没有意志支撑的空想。而是认为理想是人们在实践过程中形成的、有实现可能性的、对未来社会和自身发展的向往与追求。认为理想是人们的世界观、人生观和价值观在奋斗目标上的集中体现。理想是对物质世界和精神世界的追求。满足眼前的物质和精神需求，又憧憬未来的生活目标，期盼满足更高的物质和精神需求。例如中国共产党对“两个一百年”奋斗目标的追求，是具体的，不是虚无缥缈的。在建党一百年时，把我国全面建成小康社会；在建国一百年时，把我国建成富强、民主、文明、和谐的现代化国家。共产党人对现状永不满足、对未来不懈追求，是理想形成的动力源泉。在坚定中国特色社会主义理想和信念的基础上，最终朝着实现共产主义的目标奋勇前进，实现人的自由全面发展，实现全人类的彻底解放。

在马克思主义看来，理想是具有社会性的。理想是人类特有的一种精神现象，理想具有鲜明的社会性。理想的社会性是指理想不是离开社会的孤立的个人的随意想象，而是由社会制约和决定的想象。从这个角度上看，社会思潮和理想是有密切关系的。任何一种社会思潮的产生和传播，都与思潮的代表人物的理想和信念相关联。同时，理想也具有阶级性。人们的阶级地位和阶级利益决定，人们的理想在阶级社会中必然具有阶级的烙印。各阶级统一的理想是不存在的。在阶级社会中，由于不同阶级的社会地位和经济利益的不同，追求的目标也就各不相同，所以，他们形成的理想也各不相同。这与社会思潮的形成和发展，也有密切关联。因为每一种社会思潮的传播，也都是社会某一阶级或阶层的利益诉求。

对于中国特色社会主义的信念的坚定追求，不是一蹴而就的。当1982年邓小平在党的十二大报告中，刚刚提出“建设有中国特色社会主义”这个命题时，人们还对这个命题或概念懵懵懂懂，更谈不上形成和具有中国特色社会主义的信念。但是改革开放30多年的实践，给中国和中国人民带来的是天翻地覆的变化，执政党自身对中国特色社会主义具有更深刻的认识，广大人民群众也越来越认同中国特色社会主义。随着改革开放的深入发展，逐渐固化了中国特色社会主义的信念，不断积淀在社会意识和思想体系之中。

对于社会意识和整个意识形态来说，信念是非常重要的单元，是最重要的范畴之一。信念是意志行为的基础，是个体动机目标与其整体长远目标相互的统一。没有信念人们，就不会有意志，更不会有积极主动性的行为。如果没有中国特色社会主义的坚定信念，对“两个一百年”的目标就会失去追求的动力和信心。如此一来，就无法通过士气激发人们潜在的精力、体力、智力和其他各种能力，而是倦怠起来，萎靡不振，从而走下坡路，直至滑落谷底。

信念是人的认识、情感、意志的统一体。信念往往伴随着感情的浸润，在感情的驱使下导致相应的行动。信念具有稳定性。信念不仅仅深藏于人的内心，它还要向外表现出来，表现为行为和实践意志。在信念的鼓舞下，人们的意志是坚强的，行为是坚决的，而且始终不渝。信念一旦形成，不会轻易改变。这就不难理解具有坚定信念的共产党人，为什么能有钢铁般的意志。例如，夏明翰在狱中所写的诗句："砍头不要紧，只要主义真。杀了夏明翰，还有后来人"，正是他坚定意志的反映。

当然，信念的稳定性不是绝对的，信念需要在现实变化的考验中变得更加完善、更加坚强。同时也要避免信念的弱化甚至丧失。因此，要巩固和发挥信念的执著性。在精神上高度集中，对自己相信和追求的事业全神贯注，态度上对自己的事业充满高度的热情，行为上坚定不移、始终不渝。

坚定中国特色社会主义理想信念，最根本的是将其与世界观、人生观、价值观统一起来。我们要紧紧抓住树立理想信念这个根本，坚持不懈地用中国特色社会主义理论体系武装全党、教育人民，推动当代中国马克思主义大众化，不断巩固马克思主义在意识形态领域的指导地位，不断巩固中国特色社会主义共同理想，不断巩固全党全国各族人民团结奋斗的共同思想基础。唯此，才能有效地引领社会思潮。

第六章　对策与路径

——核心价值观的实践形式和路径选择

社会主义核心价值观是社会主义精神文明建设的产物，是社会主义意识形态建设的伟大成果。它来自于中国特色社会主义建设事业的伟大实践，又服务于这一伟大的实践。马克思指出："全部社会生活在本质上是实践的。凡是把理论引向神秘主义的神秘东西，都能在人的实践中以及对这个实践的理解中得到合理的解决。"我们的核心价值观，不管被人们用何种词语加以修饰，甚至赋予其"神秘"的色彩，归根到底都是社会实践的产物，都会在实践中褪去"神秘"的外衣，从而彰显其本质的内容。

于是，探索核心价值观的实践形式和路径选择，在实际行动中体现核心价值观，则成为我们必须面对和解决好的重要问题。

毛泽东在《实践论》中反复强调知行统一观。从实质来讲，归根结底，我们培育和践行社会主义核心价值观，要做到"内化于心"与"外化于行"的有机统一。正如习近平总书记2014年2月在中共中央政治局第十三次集体学习时所说:“一种价值观要真正发挥作用,必须融入社会生活,让人们在实践中感知它、领悟它。”只有通过广泛社会生活和社会实践“使社会主义核心价值观的影响像空气一样无所不在、无时不有”,才能真正做到既“内化于心”又“外化于行”,“使社会主义核心价值观成为人们日常工作生活的基本遵循”。

一、探索培育和践行核心价值观的实践形式

探索培育和践行核心价值观的实践形式,是我们当下需要解决好的重要问题。通常我们认为,实践形式分为三个方面:一是改造自然的生产实践,即人们的物质生产活动,这是人类最基本的实践活动。二是变革社会的实践,如革命和改革、国家方针政策的制定、法律制度的建设和实施等。在阶级社会中,变革社会关系的实践主要表现为阶级斗争的实践。三是探索世界规律的科学实验活动。我们可以按照这个分类,简述核心价值观的实践形式。

(一)三个层面,三种实践形式,多样化践行方式

社会主义核心价值观分为国家、社会、个人(公民)三个层面,表明了培育和践行核心价值观,具有多样化的实

践形式。

实践是人们改造客观世界的一切活动。我们知道,实践有三个基本特征:第一是客观物质性,第二是主观能动性,第三是社会历史性。实践有三个基本要素:第一,实践的主体是人;第二,实践的对象是客观世界;第三,实践的手段是工具设备。实践有三种基本形式:第一,生产实践活动是人类最基本的实践活动,对人类社会的存在和发展起着决定性的作用;第二,处理社会关系的实践活动推动着社会历史的变迁与进步;第三,科学实验是历史前进的有力杠杆。

根据上述观点,分析作为国家、社会、个人(公民)三个层面的社会主义核心价值观,我们可以得出下面的认识。

在国家层面上的核心价值观:富强、民主、文明、和谐,是对具有13亿多人口的社会主义大国,其外形和本质力量的全面彰显,具有极其深刻的内涵作为实践基础,显现出丰富多彩的外貌而具有独特的魅力。作为社会主义大国,经济繁荣是基础,如果没有这点谈不上强大,谈不上国家富强。因此,发展始终是硬道理,始终成为第一要务。没有经济上的发展,没有强大的实力,一切将无从谈起。于是,一心一意搞经济建设,使国家变得富强起来,这是最根本的,是底线,没有商讨的余地,没有动摇的理由。这是我们始终要坚持的基本点。社会主义民主,是社会主义国家的本质属性。没有民主,就没有社会主义。这个民主是人民当家做主,人民是社会主义国家的真正主人。中国,是工人阶级领导的、以工农联盟为基础的人民民主专政国家,而作为执政党的中国共产党代表了最广大人民群众的意志和利益。社会主义国家不断实践和彰显的是人民民主,是绝大多数人的民主;而不是少数人、更不是某一利益集团的民主。这是社会主义国家和资本主义国家的本质区别。文明既是古老的中国文明,表现了中华民族优秀传统文化的传承和发展;同时又是民族精神和时代精神相结合的现代文明。社会主义文明的发展,呈现出生机盎然、蒸蒸日上的态势;与资本主义文明的日落西山、夕阳西下正相反。和谐是社会主义的本质属性。在中国,始终坚持以公有制为主体、多种所有制经济共同发展,坚持走共同富裕道路。这是社会主义的两个根本原则。我们最终实现共同富裕,才是实现了真正的和谐。因此,在实践中,我们要深入探索实现共同富裕的途径和方法,做到这些,也就是践行了社会主义核心价值观。

社会层面的核心价值观:自由、平等、公正、法治,是对现实社会主义社会的整体把握,是社会发展和进步的尺度和目标。自由不仅是社会主义社会的尺度和目标,而且是社会主义的高级阶段即共产主义追求的尺度和目标,这就是人的自由和全面发展。社会主义社会的自由,是对于全体人民来讲的，它是由宪法赋予并给予保护，确保人民免除在旧社会所遭遇的被奴役、监禁或控制，从而获得思想和政治上的解放。社会主义社会的自由，首先是社会全体成员在政治和法律上，能够自由地选择参加政治团体，有选举权和被选举权，能够自由地选择职业，能够自由地选择是否信仰宗教以及把何种宗教作为信仰。平等和公正是社会主义社会的题中应有之义。有了平等和公正，社会就能体现正气、散发正能量，从而形成蒸蒸日上的局面。

社会平等和公正，主要表现在人民当家做主的前提下，社会成员只有社会分工不同，没有地位高低贵贱之分，领导干部是人民群众的公仆，执政党的宗旨是全心全意为人民服务。法治是社会主义社会和谐、稳定和有秩序的根本保障，是对社会各种制度、体制、规章遵守和落在实处的根本保障。从培育和践行社会主义核心价值观，积极探索社会层面的实践形式来看，我们还需要加大力度，朝着既定的目标而努力，为真正实现社会的自由、平等、公正、法治而奋斗。

党的十八届三中全会以来，以习近平为核心的党中央，提出“四个全面”，特别是全面深化改革，国务院陆续取消了一系列不适宜的规章制度，体现了更好地为社会服务的宗旨，从而进一步促进了自由、平等、公正、法治。

个人（公民）层面的核心价值观：爱国、敬业、诚信、友善，是对全社会公民思想道德水平和个人素质的标准考量，在国家、社会、个人（公民）三个层面中，属于最基础的层面。无论是国家，还是社会，都是由个人（公民）组成的，是社会各阶级组成的集团复合体。从整体上说，正因为处在最基础的层面，我们才有理由说，“国家者，我们的国家；社会者，我们的社会”。因此，作为一个合格的个人或公民，首先要爱国，爱的是我们的社会主义祖国，爱的是社会主义的天下。所谓“国家兴亡，匹夫有责”，就是这个道理。我们的核心价值观，强调以爱国主义为核心的民族精神，也是如此。

作为合格的公民，做到敬业也是必备的甚至是必需的基本素质，如果连对自己所从事的职业连敬业都做不到，则很难承担其他社会责任。同时，由于公民和个人必须在社会中交往，形成一种社会关系，那么诚信也就成了不可或缺的素质。如果缺乏诚信，将无法在社会中立足。诚信在封建社会和资本主义社会中也是基本的公民素质；而在社会主义社会，诚信的要求标准应比封建社会和资本主义社会的还要更高。而友善则是做人的最基本底线。友善在核心价值观中，处于最基础的地位，也发挥着最为基础的作用。人们的社会生活离不开友善。友善在社会生活中真实存在。当友善成为社会的主旋律和最强音，当友善像春风一样扑面而来，当友善充斥在社会的各个角落和方方面面，那么，人们一定会看到社会生活充满了欢乐与微笑、互助与关爱、和谐与幸福。整个社会也会呈现出盎然生机，蒸蒸日上。反之，如果友善与社会生活不沾边甚至很遥远，社会充满了邪恶和伪善，那么，整个社会一定会呈现出日落西山、气息奄奄、死气沉沉的局面。友善是一种健康向上的人际关系，街坊邻里、同志同事、上下级之间、服务和被服务者之间，友善是最基本的“人之常情”，是正能量的彰显。像雷锋那样的友善，在我们的社会中始终是楷模。雷锋并没有远去，就在我们身边。

（二）从点滴做起：随风潜入夜，润物细无声

习近平总书记2014年在上海考察时指出：“培育和践行社会主义核心价值观，贵在坚持知行合一、坚持行胜于言，在落细、落小、落实上下功夫。要注意把社会主义核心价值观日常化、具体化、形象化、生活化，使每个人都能感知它、领悟它，内化为精神追求，外化为实际行动，做到明大德、守公德、严私德。”习近平总书记这一重要讲话精神可归纳为“三落”“四化”。

培育和践行社会主义核心价值观，要在落细、落小、落实上下功夫，要日常化、具体化、形象化、生活化。这就要求我们努力做到从点滴做起：随风潜入夜人，润物细无声。例如，从公民（个人）层面最基础的“友善”来做起。看似

简单，实际上有许多工作可做。首先，要宣传和教育什么是“友善”。要正确认识、理解和把握“友善”的内涵，要把“友善”作为一种目标和追求，深刻认识“友善”的价值和意义。在现实生活中，对什么是“友善”，什么不是“友善”，要明辨是非。对那些“友善”的人和事，要赞扬和讴歌。反之，对“不友善”的行为要批评甚至鞭挞。在全社会中，鄙视不友善的行为，让它没有市场，甚至没有藏身之地，形成一种“友善”的强大舆论力量。

第二，重在实践。践行“友善”的渠道很多，重要的是在实践中不断升华“友善”的理念，不断深化对“友善”的把握和理解。特别是对“友善”作为动词去理解和把握。我们认为，改革开放以来在民众中涌现出来的“志愿者”和“义工”，这种践行方式值得提倡。他们坚持以人为本、利他主义和集体主义，把关心他人、关心集体放在第一位，助人为乐，具有志愿性、无偿性、公益性、组织性，值得在全社会发扬光大。

第三，用制度支持和法律保障“友善”的践行。要使“友善”成为彰显“正能量”的社会风气，光靠教育和宣传是不够的，特别是只靠人的觉悟和品行，也是远远不够的。重要的是要用制度支持，用法律保障。我们一定能够探索出在社会主义市场经济条件下践行“友善”的途径，防止出现让“友善”者伤心和失望的现象，例如扶起倒在地上的老人,反而被认为是肇事者。摈弃和抵制“劣币驱逐良币”现象,从此“友善”不再“缺位”,真正形成全社会友善和谐的正气。

“当代雷锋”郭明义的事迹感染着国人,据光明网披露,自郭明义 2011 年 3 月 25 日开通微博,仅仅一年多时间,他的粉丝已突破千万大关,2012 年 6 月 11 日上午 8 点达 1003 万多。另据《光明日报》报道,通过网络,有 5000 多人报名加入郭明义爱心团队,1000 多位遇到困难的人得到了网友的救助。榜样的力量是无穷的,郭明义所做的种种“善举”和“善事”,鼓舞着人们,带动着人们,让爱心在你我他之间传递,让“友善”之花在人世间处处开放。

(三)从领导做起:干部带头是决定性因素

培育和践行社会主义核心价值观,领导干部要带头,以身作则,走在前列,起示范作用,这是新时期各级领导干部必须努力做到的。

党的十八大报告提出,要“积极培育和践行社会主义核心价值观”,“不断提高党的领导水平和执政水平、提高拒腐防变和抵御风险能力”。习近平总书记强调,群众路线教育实践活动“要以县处级以上领导机关、领导班子、领导干部为重点”,要“集中解决形式主义、官僚主义、享乐主义和奢靡之风”。领导干部率先做好这些工作,首先就要坚定理想信念、增强宗旨意识，促进作风转变。

领导干部率先践行社会主义核心价值观，改变工作作风，这源于中国特色社会主义实践发展的需要，是时代的呼唤、历史的趋势，是党的群众路线教育实践活动向纵深推进的内在要求。

能不能坚持用社会主义核心价值观引领社会发展，对于执政党完成既定的目标和任务，具有决定性的作用和意义；对于领导干部来说，能不能很好地践行社会主义核心价值观，转变工作作风，带领人民群众完成全面建成小康社会的任务，最终实现中国梦，具有至关重要的作用。我们在关于践行社会主义核心价值体系与核心价值观的调研中，发现广大党员干部对马克思主义作为全党全国各族人民团结奋斗的共同思想基础，表示普遍认同；对于党中央倡导社会主义核心价值观，普遍拥护和支持。多数领导干部表示从我做起，率先垂范。在现实中，也在努力做。这对于推进践行核心价值观，具有非常好的示范作用。

但也存在亟待解决的问题。一是某些党员领导干部，社会主义和共产主义的理想信念逐渐淡化，甚至丧失，内心世界里早已不认同马克思主义，在人民群众中造成了恶劣的影响；二是某些党员干部中存在的形式主义、官僚主义等不良风气，使得人民群众对社会主义核心价值理念产生疑问，甚至抵触；三是某些地方党和政府的领导干部对意识形态领域的形势发展缺少忧患意识，甚至失去了主动权和主导权；四是世界社会主义运动处于低潮，敌强我弱的形势产生一定负面效应，某些领导干部思想消沉，对社会主义的前途缺乏信心；五是我国处于改革攻坚阶段，面临各种社会矛盾的“凸显期”，某些领导干部缺少积极应对和果断处理矛盾的能力。

为此，领导干部率先践行社会主义核心价值观，还需要继续讲、继续做，向前推进。我们的领导干部要率先示范，坚定我们党的理想信念，不断增强宗旨意识，促进作风转变。领导干部要时刻保持党的先进性和纯洁性，就要自觉提高个人的思想修养和道德修养，这样才能让巩固党的执政基础和执政地位具有广泛、深厚、可靠的群众基础，让践行核心价值观落在实处。

领导干部要始终做共产主义远大理想和中国特色社会主义共同理想的坚定信仰者、科学发展观的忠实执行者。不仅要带头倡导主流价值观，还要勇于批评资产阶级自由化思潮。不仅要成为思想领域中学习的表率，也要在实践中作为民务实清廉的优秀模范。

领导干部促进作风转变的切入点在哪里？我们认为最主要的，是从理想和信念、世界观的自我改造、价值观的自觉选择、理论上的深入反思入手。没有远大的理想，就不是合格的共产党员；离开现实工作而空谈远大理想，也不是合格的共产党员。这就告诫了各级领导干部必须首先解决世界观的改造问题,坚定中国特色社会主义的理想信念,胸怀共产主义的远大理想,名副其实地成为我们党优良作风的执行者和捍卫者。

(四)任重道远:从娃娃抓起,步步为营,循序渐进,持之以恒

2014 年 5 月 30 日上午,习近平总书记来到北京海淀区民族小学,给孩子们送上了一份特殊的礼物和节日祝福。随后,习总书记一行参观了校园文化建设并与师生代表座谈。习总书记在座谈会上和大家分享了一个他小时候的故事,说有一次参加网球比赛,赛前非常精心地准备,但结果却并不尽如人意。因为这个事情,他难过了很多天,这件事情让他明白了一个道理——失败是成功之母。我们每个人都要有目标,努力去争取,尽管不会说每一次都能成功。在谈到学校的校训"做最好的我"时,总书记加了一句话,就是"在我最好的方面做最好的我"。

在谈到践行社会主义核心价值观时,习近平总书记明确指出这项工作要从娃娃抓起,对学生来说就是一个习惯的养成。他接着举了几个例子,例如:外国人很怕中国人几点,像出去以后不排队,公共场合说话声音很大等等,这样的小细节都可以体现我们的国民素质。他指出,要重视德育工作方式方法。“比如对小娃娃，我们就应该告诉他上厕所后要冲水。举的这些例子真是学生在日常生活中能够做到的例子。最后，告诉我们孩子应该养成哪些好的习惯，我们怎么去做，能够培养出合格的社会公民。”

习近平总书记在北京海淀区民族小学座谈会上的讲话，说得太实在、太好了。提出践行核心价值观从娃娃抓起。我们认为是从根本上、源头上抓起，坚持从儿童教育上下功夫，养成习惯，对于将来孩子长大成人后提高个人素质，具有决定性的作用。在这方面，我们确实可以学习和借鉴西方的儿童教育。遵守交通规则、节约用水、节约用电、自觉排队、垃圾分类、不大声喧哗、助人为乐，从小就养成习惯。我们在此方面反而不注重细节。当然，还要配置规章制度来保障。使整个社会都能形成遵守规章制度的一种氛围，成长起来的儿童融入社会，一定会起到重大的作用，可以四两拨千斤。

践行社会主义核心价值观，从娃娃抓起，就要让我们的幼儿园、小学、初中的教育，更多地融进核心价值观的内容，反复教化，融入孩子们的内心世界。在此方面，坚持下去，步步为营，循序渐进，持之以恒，我们会得到事半功倍的效果。这是培育和践行社会主义核心价值观的重要路径选择，是“百年大计”，坚持做下去，定会功德无量。

二、弘扬正能量，登大雅之堂，理直气壮

对一个国家、一个地区、一个城市的文明程度的考量，往往在一下飞机和火车，走进这个国家、地区、城市后，就能初步感受到。当你走在这个国家、地区、城市的大街上、公共场合甚至某一个角落里，都会感受到它们散发着一种“文化气味”。

在社会主义国家里，应该始终彰显和散发着经济、政治、文化、社会、生态等诸方面的正能量。

（一）弘扬正能量，形成风清气正

作为国家及其某一地区、城市的正能量，首先是经济繁荣，具有较高的国民收入。其次，政治清明，政府官员腐败案例极少，社会风清气正；文化上充满自信和自觉，真正落现“百花齐放、百家争鸣”；社会上充满和谐，具有安全感，公民友善、助人为乐普遍存在；社会生态环境良好，城市干净、绿树成荫，节水节电，碳排放量不断减少，形成良性循环。简言之，国家或地区、城市的富强，社会风清气正，社会稳定，老百姓安居乐业，均具有较高的文化素质和水平，这应该是我们界定社会风清气正的基本标准。

作为一个社会主义国家及其地区和城市，还应该以更

严格的标准要求自己。特别是在自然灾害和突发事件出现时,更是对其文明程度的考验。2008 年 5 月那场汶川大地震,中国交出了让世界满意的答卷。相比美国佛罗里达州的那场飓风灾害,两国的处理的结果可以说是天壤之别。但是,不能以此依据就断定中国的文明程度很高,而是要看到我们自己的差距,找到缩短差距的办法,不断提升中国社会主义核心价值观的实践水平。

(二)美国大片宣扬西方的价值观,我们也能,而且要做得更好

人们通常对有较高质量的美国奥斯卡获奖大片,无论是导演水平,还是演员演技,都给予较高的评价。其实,这是美国通过精心制作的影片来弘扬西方价值观。在这方面,可以说是不遗余力,费尽心机。

奥斯卡金像奖(Academy Award)是学院奖,由电影艺术与科学学院(Academy of Motion Picture Arts and Sciences)颁发。该奖于 1928 年设立,每年一次在美国的好莱坞举行,半个多世纪来一直享有盛誉。奥斯卡奖设有最佳影片奖、最佳导演奖、最佳男主角奖、最佳女主角奖以及终身成就奖等特别奖项。其实,一些获奖影片未必品味格调都很高,但是基本上是励志和伸张正义影片居多。例如,2005 年(第 77 届)《百万美元宝贝》(*Million Dollar

Baby）女主角是一个生活在社会底层的女性，想成为一名拳击手；男主角是女主角的教练，展现的是女主角的精神。还有 2008 年（第 80 届）《老无所依》（*No Country for Old Men*）；2010 年（第 82 届）《拆弹部队》（*The Hurt Locker*）；2014 年（第 86 届）《为奴十二年》（*Twelve Years a Slave*）；2016 年（第 88 届）《聚焦》（*Spotlight*）等等，这些影片可圈可点，但不管怎样，都是精心制作，渗透着西方价值观。观看之后，总有一种意味深长之感。

那么，中国是否也能像制作已经获得奥斯卡奖的影片那样，制作出来宣扬社会主义核心价值观的大片，精益求精，打造成艺术精品呢？我们认为是完全可能的！不仅可能，而且是一定能成功的。仅从英雄人物来说，我们就有很多可歌可泣的事迹，例如“感动中国”的那些代表人物。问题在于在如何制作，我们往往缺少最优秀的剧本，缺少巨额的资金投入，缺少最优秀的演员加盟，形不成最优秀的作品。

优秀文艺作品，一定是反映核心价值观的作品。究竟什么是优秀作品？2015 年 10 月 15 日习近平总书记在文艺工作座谈会上的讲话中指出：“优秀文艺作品反映着一个国家、一个民族的文化创造能力和水平。吸引、引导、启迪人们必须有好的作品，推动中华文化走出去也必须有好的作品。所以，我们必须把创作生产优秀作品作为文艺工

优秀文艺作品能够启迪心智、感染心灵，反映一个国家和民族的文化创造力和水平。习近平总书记在文艺工作座谈会上的重要讲话发表后，文化各领域人士凝聚共识，结合各自工作实际共议贯彻落实思路和举措。图为文化部在京召开文化系统专题座谈会

作的中心环节，努力创作生产更多传播当代中国价值观念、体现中华文化精神、反映中国人审美追求，思想性、艺术性、观赏性有机统一的优秀作品，形成'龙文百斛鼎，笔力可独扛'之势。优秀作品并不拘于一格、不形于一态、不定于一尊，既要有阳春白雪、也要有下里巴人，既要顶天立地、也要铺天盖地。只要有正能量、有感染力，能够温润心灵、启迪心智，传得开、留得下，为人民群众所喜爱，这就

是优秀作品。”

我们认为，我国没有必要迎合西方观赏者的口味，也去追求什么奥斯卡金像奖，去参加这种以西方价值观为核心的影片角逐。只要我们精心打造自己的精品，就会得到全国人民的共鸣和支持，只有首先感动中国人自己，才能进一步感动外国人。今后，电影届应该努力奉献出培育和践行社会主义核心价值观的精品大片，我们期待着这一天；我们也相信，我们能比美国及西方做得更好！

（三）依靠法治，遏止“假恶丑”“黑拐抢”，打击“黄赌毒”

社会上出现的假恶丑、黄赌毒，是在改革开放以后，随着西方价值观的输入而存在于中国大地上。我们遏止假恶丑和黄赌毒，绝不会手软。但是要有效治理，最根本的还是要依靠法治。与之进行抗衡的，一手是法治，另一手就是社会主义核心价值观。

公检法机关要主动适应我国经济发展新常态，牢牢把握稳中求进工作总基调，坚持以全面深化公检法改革为动力。以公安为例，要以建设法治公安目标为引领，以大力推进“四项建设”为载体，突出能力建设，注重机制创新，强化风险管控，狠抓责任落实，进一步提升公安机关依法履职能力和队伍作风形象，进一步提升人民群众安全感、满意度和执法公信力，切实肩负起维护社会大局稳定、促进社会公平正义、保障人民安居乐业的职责使命。

据统计，2014 年，全国公安机关打掉涉黑组织 112 个、抓获涉黑犯罪嫌疑人 1.1 万名，收缴仿真枪等各类枪支 15.4 万支、炸药 1880.6 吨，解救被拐卖儿童 1.27 万人、妇女 2.89 万人，破获“伪基站”犯罪案件 3122 起、捣毁非法生产窝点 115 个。

从上述犯罪类型来看，还需要加大打击力度。现在刑事犯罪形态不断变化，无论是黑恶势力、涉枪涉毒等传统犯罪，还是金融诈骗、食品药品安全等新型犯罪，动态化、跨区域等特点越来越突出，防范打击难度大。各类治安问题聚合趋势日益凸显，“黑拐枪”“黄赌毒”相互渗透，暴力犯罪、经济犯罪相互交织。因此，公安机关将进一步突出打击重点，把矛头对准“黑拐枪”“黄赌毒”等社会治安顽症，电信诈骗、食品安全、环境污染、网络犯罪等人民群众反映强烈的突出问题。对非法集资、传销等涉众型经济犯罪和“两抢一盗”等多发性侵财犯罪，跨国跨境犯罪、携带赃款潜逃境外等犯罪，始终保持高压态势。

对上述犯罪行为进行打击，决不能心慈手软。应本着对广大人民群众极端负责的态度，依靠法治打击犯罪；依靠社会主义核心价值观扭转社会不正之风。

三、运用新科学技术，提升培育和践行核心价值观的水平

现代社会，已经是互联网、新媒体、大数据时代。显然，我们一定要运用新科学技术，提升培育和践行社会主义核心价值观的水平。

（一）运用新媒体、网络技术、大数据强化宣传核心价值观

习近平总书记强调，要加快传统媒体和新兴媒体融合发展，充分运用新技术新应用创新媒体传播方式，占领信息传播制高点。据统计，2015 年中国有 6.7 亿网民、413 万多家网站，2016 年达到 7 亿网民，成为新媒体用户第一大国。可以说，新兴媒体风起云涌，传播方式日新月异，媒体格局深刻变化。

这种深刻变化是人们始料不及的。

据了解，2013 年北京各报刊亭营业额均再创新低，日均营业额 100 元左右。据止知书院制作的《2013 年度传播报告》显示，“去年互联网广告投放规模已经超过纸媒，全国 40%的报刊亭已不复存在”。中国互联网络信息中心调查还显示，全国电视收视率一年要下降 13%左右，而网络

视频收视率则以每年超300%的速度增长。同时，互联网带着路由器、各种“盒子”和智能电视机，占领了传统受众的客厅和卧室。2013年国内智能电视销量以56.84%的年增长率，远高于年增长率仅8.66%的普通彩电。

与此相应，在100件热点舆情中，由传统主流媒体首发的不足三成，而网民和网络认证用户通过互联网自媒体曝光的则接近半数。人民网舆情监测室发布的《2013年中国互联网舆情分析报告》指出，“新兴媒体的裂变式发展，使媒体形态和舆论格局正在发生深刻调整，新闻传播正处于一个重要的历史分界点”。我国目前有2.8亿微博用户和6亿微信用户，还有不计其数的移动客户端。中国已成为全球最庞大、最复杂、最喧嚣舆论场，网络已从边缘媒体变身为新闻传播主阵地，也成为舆论斗争的主战场。媒体融合发展，无疑是传媒领域一场重大而深刻的变革，未来将迎来融合媒体的时代。

在这种形势下，如何运用新媒体、网络技术、大数据强化宣传核心价值观，无疑是新的重大课题和面对的重大挑战。

首先，对新媒体的发展，要有足够的认识。对融合媒体，要认识到是大势所趋，解决以传统媒体思维办新媒体的困境，学会利用大数据领跑信息时代，当然最为关键的是转变观念，必须有明确的转型路径和系统设计，解决传统与新兴媒体“两张皮”问题，积极推动传统媒体新闻信息生产传播模式转型升级，实现媒体深度融合。

其次，要敢于和善于运用主流媒体领跑信息时代。要学会利用大数据行走云端，用新方式链接受众，打通和读者的“最后距离”。现在人民日报社成立了媒体技术股份有限公司，通过打造新媒体新技术时代下的全媒体新闻“中央厨房”——一个全面、丰富、即时的媒体大数据平台，以期成为人民日报未来发展的技术引擎。

最后，要学会运行台网融合模式，春节晚会、“星光大道”、谜语大会等 156 个节目已经实现电视与新媒体手段一体化传播。无论何种形式的媒体融合，对新闻本身而言，今天仍然是一个“最好的时代”。但是，媒体格局不管怎样变化创新，有一条原则不会改变，那就是主流媒体一如既往地为群众服务、大力弘扬社会主义核心价值观，为实现中华民族伟大复兴的中国梦凝聚更多正能量。

（二）抢占微信、微博、博客等网络阵地

目前，互联网上英语的使用频率占 84%，中文仅占 1%。这种环境下，主流媒体更需要“走出去”，向世界讲述一个真实的中国。在媒体融合中，传统媒体向全媒体渐变，记者也成为全媒体记者。总理记者会上，《人民日报》某记者一人代表报纸、网站和微博三个媒体平台提问，其

“三栖记者”身份成为媒体关注热点。人民大会堂前，有央视记者一手举手机面对前置摄像头，一手握话筒，一人独自完成了出镜报道，“秒拍”直播的同时呈现到电视、电脑、手机和平板电脑终端上。

抢占新媒体，利用科学技术培育和践行社会主义核心价值观，是我们遇到的新课题、新挑战。我们的当务之急，是抢占微信、微博、博客等网络阵地。

我们应该如何利用好新媒体？

在高校校园里，一人一部手机、一人一个微博，学习、生活中的点滴细节都要在微博、微信朋友圈里“秀”出来，当下大学生的日常生活离不开新媒体。以微博、微信等为代表的新媒体正在改变大学生们的生活、工作、沟通、交流和聚集方式，潜移默化地影响着他们的世界观、人生观和价值观。我们必须积极适应时代发展和青年变化，努力探索结合文化、艺术、时尚的方式用“活”新媒体，使青年大学生思想引领工作和活动更为广泛而深入地走进大学生、融入大学生。

以广西大学为例。广西大学“团学小微”微信公众号、广西大学学生会、广西大学社团总会、广西大学学生微博协会、广西大学雨无声网站、广西大学空谷网站等团队的一大批微博、微信公众号在短时间内涌现出来，并快速聚拢了一批粉丝。530 多个团学组织微博，90 多个团学组织的微信公众订阅号,60 多个各级各类团属网站……学校针对青年大学生的实际需求,建立起了全覆盖、立体式的新媒体信息传播体系。

据统计,校内有较大影响的微博、微信等新媒体平台已有粉丝达 10 万余名。这些平台的建立让社会主义核心价值观的传播有了立足点,青年大学生拿起手机,共青团中央团学小微、西大团学小微、共青团广西区委、共青团广西大学、广西大学学生会等团学组织随时张开怀抱,组织就在青年身边。刷新微博,点击微信公众号,社会主义核心价值观的正能量信息就能即时走进青年人的生活里。

上述是一个鲜活例子。抢占微信、微博、博客等网络阵地,我们别无选择。

要用好、用活、用熟新媒体,提升弘扬社会主义核心价值观的实际能力,学校与多家互联网企业合作,开设专门课程,对宣传员进行培训。企业提供的丰富培训内容、新颖的培训方式和实际的上手锻炼机会,让他们对新媒体的本质和运用新媒体弘扬核心价值观的重要意义认识得更为透彻,对新媒体吸引粉丝关注、提升核心价值观正面信息的点击率和传播效率等实际运用技术掌握更为娴熟。通过培训,网络宣传员这支“网军”真正用“熟”了新媒体。他们每个人都有大量的微博粉丝、微信好友。用于对青年大学生进行正面引导的信息,经过他们的转发在新媒体这一舆论场上迅速形成较大的声势。

（三）不断改革和创新宣传教育方法

随着新媒体时代的来临，在新的形势下，培育和践行社会主义核心价值观，还要不断改革和创新宣传教育方式方法。

要不断改进宣传思想工作的方式方法，增强宣传思想工作的说服力感染力。要看到社会环境、舆论环境、传播环境发生的深刻变化，看到宣传思想工作面临的新形势、新挑战，立足实际，加强探索，抓好宣传思想工作的理念创新、手段创新、基层工作创新，加强对热点、难点问题的引导，切实增强舆论引导的实际效果，不断提高做好宣传思想工作的水平。

要切实加强对宣传思想工作的领导，形成推动宣传思想工作的强大合力。各级党委要负起政治责任和领导责任，把宣传思想工作摆在重要位置，不断提高领导宣传思想工作的能力水平。宣传思想部门要切实负起责任，坚持围绕中心、服务大局，不断增强宣传思想工作的针对性和有效性，发挥好宣传思想工作在推动经济社会发展中的重要作用。各条战线各个部门要结合各自实际，积极参与和支持宣传思想工作，形成多方联动、齐抓共管的宣传思想工作局面。主流媒体要始终坚持正确的舆论导向，坚定地传播党的声音，反映党的主张，提高舆论引导能力。

总之，我们要紧跟科学技术革命的潮流，不断改革和创新宣传教育方法，让我们的社会主义核心价值观，更有感召力和影响力，更加生机盎然而永葆革命的青春。

参考文献

1.习近平.在哲学社会科学工作座谈会上的讲话[M].北京:人民出版社,2016.

2.习近平.青年要自觉践行社会主义核心价值观——在北京大学师生座谈会上的讲话[N].北京:人民日报2014-5-4(01).

3.习近平.在联合国教科文组织总部的演讲[N/OL].北京:中国共产党新闻网,2014[2014-03-28].http://cpc.people.com.cn/n/2014/0328/c64094-24759342.html.

4.习近平.紧紧围绕坚持和发展中国特色社会主义 学习宣传贯彻党的十八大精神[M].北京:人民出版社,2012.

5.邓小平.邓小平文选[M].北京:人民出版社,1993.

6.胡锦涛.坚定不移沿着中国特色社会主义道路前进 为全面建成小康社会而奋斗——在中国共产党第十八次全国代表大会上的报告[M].北京:人民出版社,2012.

7.[德]马克思,恩格斯.马克思恩格斯全集[M].北京:人民出版社,1995.

8.中共中央办公厅.关于培育和践行社会主义核心价值观的意见[N].人民日报,2013-12-24(01).

9.中共中央宣传部.习近平总书记系列重要讲话读本[M].北京:学习出版社,人民出版社,2016.

10.郑强胜.大禹治水的故事[M].郑州:中州古籍出版社,2010.

11.赵智奎.精神文明建设论[M].南昌:江西高校出版社,2003.

12.朱成甲.李大钊传[M].北京:中国社会科学出版社,2009.

13.张晓祺.曾志和她的农民儿子[N/OL].北京:凤凰网,2011[2011-05-12].http://news.ifeng.com/mil/gundong/detail_2011_05/13

14.张岱年,程宜山.中国文化精神[M].北京:北京大学出版社,2015.

15.王燕文.社会主义核心价值观研究丛书[M].南京:江苏人民出版社,2015.

16.郭建宁.社会主义核心价值观基本内容释义[M].北京:人民出版社,2015.

17.岳南.千古学案:夏商周断代工程解密记(修订版)——中国考古探秘纪实丛书[M].北京:商务印书馆,2012.

18.韩震总.社会主义核心价值观·关键词[M].北京:中国人民大学出版社,2015.

19.郭建宁.核心价值观:社会共识“最大公约数”[N/OL].北京:人民网,2014[2014-08-21].http://theory.people.com.cn/n/2014/0821/c112851-25513605.html.

20.王传利.从国家层面深入解读社会主义核心价值观[N/OL].北京:宣讲家网,2014[2014-06-30].http://www.71.cn/2014/0630/773249.shtml.

21.左鹏.从社会层面深入解读社会主义核心价值观[N/OL].北京:宣讲家网,2014[2014-06-30].http://www.71.cn/2014/0630/773353.shtml.

22.刘书林.从个人层面深入解读社会主义核心价值观[N/OL].北京:宣讲家网,2014[2014-06-30].http://www.71.cn/2014/0630/773336.shtml.

23.李健.社会主义核心价值观与西方“普世”价值的四大区别[J].思想理论教育导刊,2015(3).

24.徐能毅.如何认识社会主义核心价值观中的“自由”[N/OL].北京:光明网,2015[2015-02-23].http://

theory.gmw.cn/2015-03/23/content_14899905.htm.

25.北京市中国特色社会主义理论体系研究中心.中西方核心价值观有何不同[J].求是,2015(2).

26.赵智奎."友善"是社会"正能量"的彰显[N/OL].北京:光明网,2014[2014-05-12].http://theory.gmw.cn/2014-05/12/content_11287548.htm.

27.赵智奎.改革开放30年思想史[M].北京:人民出版社,2008.

28.戴木才.社会主义核心价值观与核心价值体系的辩证关系[J].南昌航空大学学报:社会科学版,2011,13(2).

29.戴木才,田海舰.论社会主义核心价值体系与核心价值观[N/OL].北京:人民网,2007[2007-03-09].http://theory.people.com.cn/GB/49157/49165/5455857.html.

30.王延中,赵智奎.增创经济特区科学发展新优势[N].人民日报,2011-08-03.

31.赵智奎.马克思主义中国化的基本经验及规律性研究[M].中国社会科学出版社,2015.

32.中国文明网"地方传真".四个创建故事再现"四连冠"后厦门文明创建新路[N/OL].北京:中国文明网,2016[2016-03-01].http://www.wenming.cn/syjj/dfcz/fj/201603/t20160301_3178073.shtml.

33.如何理解“社会主义核心价值体系是兴国之魂”[N/OL].北京:凤凰网,2012[2012-01-07].http://news.ifeng.com/gundong/detail_2012_01/07/11810383_0.shtml.

34.陈新汉.核心价值体系及其与核心价值观的关系[N/OL].北京:新华网,2012[2012-04-25].http://news.hexun.com/2012-04-25/140772502.html.

35.陈来.中华传统文化与核心价值观[N/OL].北京:人民网-中国共产党新闻网,2015[2015-03-16].http://dangjian.people.com.cn/n/2015/0316/c117092-26698780.html.

36.肖群忠.优秀传统文化与核心价值观[N/OL].北京:求是理论网,2014[2014-04-25].http://www.qstheory.cn/wh/jsshzyhxjztx/201404/t20140425_343732.htm.

37.冷兴邦.让社会主义核心价值观植根于中华优秀传统文化沃土[N/OL].北京:人民网,2014[2014-04-22].http://theory.people.com.cn/n/2014/0422/c40531-24928392.html.

38.黄海.以中华优秀传统文化涵养社会主义核心价值观[N].光明日报,2015-10-21(13).

39.李高君.仁义礼智信,中华传统文化的核心价值观[N/OL].嘉兴:中国励志网,2015[2015-1-18].http://

www.zhlzw.com/lz/yis/816257.html.

40.赵智奎.少数民族地区生态文明建设与中国特色社会主义[N/OL].北京:中国少数民族哲学及社会思想史学会网,2010[2010-12-08].http://www.mpsc.org.cn/djyd/html/207.html.

41.徐万邦,祁庆富.中国少数民族文化通论[M].北京:中央民族大学出版社,1996.

42. 中国社会科学院中国特色社会主义理论体系研究中心.旗帜鲜明反对历史虚无主义[N/OL].北京:求是理论网,2013[2013-10-01].http://www.qstheory.cn/zxdk/2013/201319/201309/t20130927_275397.htm.

43.宗和.习近平谈反对历史虚无主义[N/OL].上海:上海党史网,2015[2015-09-28].http://gov.eastday.com/node2/shds/n218/n514/u1ai14999.html.

44.新华网.读《习近平谈治国理政》"外国学者"怎么说[N/OL].北京:中国青年网,2014[2014-12-06].http://agzy.youth.cn/qsnag/zxbd/201412/t20141206_6179973.htm.

45.王燕平,徐铁杰.世界历史上的文明、文化的比较与交流"学术研讨会综述[J].世界历史,2007(5).

46.[美]塞缪尔·亨廷顿.文明的冲突与世界秩序的重建[M].周琪,张立平译.北京:新华出版社,2015.

47.南洛.《纸牌屋》揭美式暗黑政治教材　浮出水面的“党鞭”[N/OL].北京:人民网,2014[2014-03-19].http://book.people.com.cn/n/2014/0319/c69398-24673226-2.html.

48.赵乐际.从严从实加强党的建设 为做强做优做大中央企业提供坚强保证[N/OL].北京:新华网,2015[2015-12-01]. http://news. ifeng. com/a/20151201/46474028.shtml.

49.国务院国资委党委.在全面深化国有企业改革中加强党的建设工作[N/OL].北京:新华网,2015[2015-12-01]. http://www. qstheory. cn/dukan/qs/2016 - 05/31/c_1118938354.htm

50.赵智奎,毛立言.为共和国铸造钢铁脊梁——莱钢道路与莱钢经验研究[M].北京:社会科学文献出版社,2013.

51.赵智奎,戴立兴.学习的伟大力量——学习型党组织在莱钢[M].北京:社会科学文献出版社,2013.

52.沈壮海.构建中国特色中国风格中国气派的哲学社会科学[N/OL].北京:求是网,2016[2016-01-15].http://www.qstheory.cn/dukan/qs/2016-06/15/c_1119024124.htm.

53.赵智奎.中国特色社会主义[M].北京:北京时代华

文书局,2016.

54.朱汉国.当代中国社会思潮研究[M].北京:北京师范大学出版社,2012.

55.梅荣政,杨军.社会主义核心价值体系与社会思潮析评[M].北京:中国社会科学出版社,2010.

56.宁先圣.社会主义核心价值体系与当代社会思潮[M].社会科学文献出版社,2011.

57.李建华.多元文化时代的价值引领——社会主义核心价值体系建设与社会思潮有效引领研究[M].人民出版社,2012.

58.郑剑.解析中国重要战略机遇期[N/OL].北京:中国新闻网,2011[2011-05-09].http://www.chinanews.com/gn/2011/05-09/3025762.shtml.

59.梁柱.正确把握时代特征与坚持和发展社会主义事业[J].思想理论教育导刊,2016(2).

60.刘建武.中国特色社会主义理论体系的由来与发展[M].人民出版社,2009.

61.钟君.社会之霾——当代中国社会风险的逻辑与现实[M].中国社会科学出版社,2015.

62.郑承军.理想信念的引领与建构——当代大学生的社会主义核心价值观研究[M].北京:清华大学出版

社,2010.

63.齐冰.社会主义核心价值体系的哲学基础研究[M].北京:中国社会科学出版社,2015.

64.刘子阳.猛药整治“黑拐枪”“黄赌毒”顽症[N/OL].北京:人民网,2015[2015-02-11].http://legal.people.com.cn/n/2015/0211/c188502-26544156.html.

65.《百度》词条:“大禹治水”“遂公盨”“曾志”“价值观”。

后　记

当2017年新年的钟声即将敲响之际,《我们的核心价值观》丛书终于完成了。可以说,这套丛书是伴随着2016年年终的脚步画上句号的。

“革命理想高于天。”2016年5月,习近平总书记在哲学社会科学工作座谈会上的讲话中说:“新形势下,我国哲学社会科学地位更加重要、任务更加繁重。面对社会思想观念和价值取向日趋活跃、主流和非主流同时并存、社会思潮纷纭激荡的新形势,如何巩固马克思主义在意识形态领域的指导地位,培育和践行社会主义核心价值观,巩固全党全国各族人民团结奋斗的共同思想基础,迫切需要哲学社会科学更好发挥作用。”当《我们的核心价值观》丛书即将付梓之际,重温总书记的讲话,我们倍感亲切,深受鼓舞;回顾一年来的写作历程,心潮波澜起伏,久久不能平静。

2015年秋季的某一天,我们接到黄山书社马磊同志的电话，说是在中国社会科学杂志社副总编辑、《历史研究》主编、中国社会科学网总编辑李红岩研究员的极力推荐下，希望由我们主编一套关于阐述社会主义核心价值观的丛书。具体要求是根据党的十八大以来形势的新发展，以习近平总书记系列重要讲话精神为指导，站在时代的制高点上，写出具有新的时代特点的通俗理论读物，且具有较高质量和水平。当时，赵智奎研究员感到很为难。因为他知道，撰写通俗理论读物往往是吃力又费时的差事。这不仅需要作者具有轻松驾驭文字的能力，更主要的是能将复杂深奥甚至是晦涩的理论深入浅出地表达出来，通俗易懂、便于理解。而后者，没有相当的理论功力，是很难做到的。往往初始信心满满，结果却不尽如人意。就在他考虑婉拒之时，李红岩研究员的电话打来了。他说了一些关于学术理论界研究和阐述中国特色社会主义理想信念和社会思潮的状况，特别提到撰写社会主义核心价值观通俗读本的重要现实意义。

我们都被李红岩研究员感动了。不单是因为那些鼓励的话语，更重要的是因为他那马克思主义史学专家的胸怀和担当精神。我们作为马克思主义专业理论工作者，理所当然地都要学习和拥有这种担当精神！于是，我们接受了这项任务，赵智奎研究员与在中国社会科学院工作和学习的3位青年学者成立了一个撰写社会主义核心价值观丛书的小组。赵智奎任丛书主编，撰写《总论篇》和丛书总序；齐冰撰写《国家篇》；郑建撰写《社会篇》；王永磊撰写《公民篇》。

众所周知，多年以来，围绕“社会主义核心价值体系”和“社会主义核心价值观”，思想理论界推出的成果并不少。那么，在众多成果中，我们这套丛书的特点与亮点又体现在哪里呢？依照设计，我们将习近平总书记系列重要讲话精神作为本书的指导思想，力图结合十八大以来以习近平同志为核心的党中央治国理政的新理念新思想新战略，对社会主义核心价值观进行具有新的时代特点与高度的系统阐释。这就是我们希望本丛书能够达到和具有的特点与亮点。

“一分耕耘一分收获”，“功夫不负有心人”。一年来，在中国社会科学院马克思主义研究院和中国社会科学杂志社的大力支持和帮助下，我们撰写小组齐心协力，在比较充分占有资料的基础上，当然也是站在该领域许多专家学者的肩上，汲取了他们的学术成果和宝贵经验，经过多次讨论，数易其稿，终于完成了丛书写作任务。

这里，我们要再次特别感谢李红岩研究员，没有他的支持和鼓励，这套丛书是很难顺利完成的。我们还要感谢中宣部思想政治工作研究所副所长戴木才研究员、清华大学马克思主义学院副院长肖贵清教授、北京大学马克思主义学院原院长郭建宁教授、安徽出版集团林清发总编辑，感谢他们审阅全书并提出宝贵的修改意见。我们也要感谢黄山书社的副社长马磊同志、编辑高杨同志，感谢他们不辞辛苦，多次往返于北京和安徽两地，还搜集了许多出版物和资料寄给撰写小组作参考，使我们受益良多。

诚然，我们深知本丛书一定还存在着某些不足。我们热切地期待广大读者的反馈，希望倾听到理论界专家和学者的批评指正。最后，让我们共同为培育和宣传社会主义核心价值观做好本职工作；理论联系实际，结合世情、国情、党情特别是改革开放活生生的伟大实践，通俗地阐述社会主义核心价值观，脚踏实地践行社会主义核心价值观，努力贡献我们的全部力量！

赵智奎　齐冰　郑建　王永磊

2016 年 12 月 30 日于北京